O PROGRESSISTA DE ONTEM E O DO AMANHÃ

MARK LILLA

O progressista de ontem e o do amanhã

Desafios da democracia liberal no mundo pós-políticas identitárias

Tradução
Berilo Vargas

1ª reimpressão

Copyright © 2017 by Mark Lilla
Todos os direitos reservados.

Grafia atualizada segundo o Acordo Ortográfico da Língua Portuguesa de 1990, que entrou em vigor no Brasil em 2009.

Título original
The Once and Future Liberal: After Identity Politics

Capa
Alceu Chiesorin Nunes

Preparação
Julia Passos

Revisão
Márcia Moura
Carmen T. S. Costa

Dados Internacionais de Catalogação na Publicação (CIP)
(Câmara Brasileira do Livro, SP, Brasil)

Lilla, Mark
  O progressista de ontem e o do amanhã : desafios da democracia liberal no mundo pós-políticas identitárias / Mark Lilla ; tradução Berilo Vargas. — 1ª ed. — São Paulo : Companhia das Letras, 2018.

  Título original: The Once and Future Liberal : After Identity Politics.
  ISBN 978-85-359-3154-9

  1. Liberais — Estados Unidos 2. Liberalismo — Estados Unidos I. Título.

18-18516   CDD-320.5109

Índice para catálogo sistemático:
1. Liberalismo : História : Ciência política 320.5109

Iolanda Rodrigues Biode – Bibliotecária – CRB-8/10014

[2021]
Todos os direitos desta edição reservados à
EDITORA SCHWARCZ S.A.
Rua Bandeira Paulista, 702, cj. 32
04532-002 — São Paulo — SP
Telefone: (11) 3707-3500
www.companhiadasletras.com.br
www.blogdacompanhia.com.br
facebook.com/companhiadasletras
instagram.com/companhiadasletras
twitter.com/cialetras

Precisamos entender que há uma diferença entre ser um partido que se preocupa com o trabalho e ser um partido trabalhista. Há uma diferença entre ser um partido que se preocupa com as mulheres e ser um partido feminista. E podemos e devemos ser um partido que se preocupa com as minorias sem se tornar um partido das minorias. Em primeiro lugar, somos cidadãos.

Senador Edward M. Kennedy, 1985

Sumário

Introdução: A abdicação 9

1. Antipolítica 21
2. Pseudopolítica 49
3. Política 79

Agradecimentos 115

Introdução

A abdicação

Donald J. Trump é presidente dos Estados Unidos. E sua vitória surpreendente finalmente exaltou os ânimos dos liberais e progressistas americanos. Agora tratam de mobilizar o que chamam de "resistência" a tudo que ele representa. Travam novas relações, organizam marchas, comparecem a reuniões municipais e congestionam as linhas telefônicas de seus representantes no Congresso. Já estão entusiasmados, falando em recuperar cadeiras na Câmara e no Senado nas eleições de meio de mandato e a presidência dentro de três anos. A procura por candidatos começou e sem dúvida já há funcionários que sonham com os escritórios que vão ocupar na Ala Oeste da Casa Branca.

Quem dera a política americana fosse tão simples: perder terreno, conquistar terreno. Nós, liberais americanos, já brincamos disso antes e ganhamos algumas vezes. Tivemos presidentes democratas em quatro dos dez mandatos que se seguiram à eleição de Ronald Reagan em 1980, e houve significativas vitórias políticas durante os governos de Bill Clinton e Barack Obama. Mas basta perfurar a superfície das eleições presidenciais, que parecem seguir seu próprio ritmo histórico, para que as coisas logo comecem a ficar obscuras.

Clinton e Obama foram eleitos e depois reeleitos com mensagens repletas de esperança e mudança. Mas sofreram bloqueios em quase cada curva do caminho por republicanos autoconfiantes no Congresso, por uma Suprema Corte de tendência direitista e um número cada vez maior de governos estaduais em mãos republicanas. As vitórias eleitorais desses presidentes nada fizeram para conter ou sequer desacelerar o aceno da opinião pública americana à direita. Na verdade, graças em grande parte ao descarado e influentíssimo complexo midiático de direita, quanto mais tempo ficavam no cargo, maior era o desprezo do público pelo liberalismo como doutrina política. E agora nos deparamos com sites populistas de extrema direita que misturam meias verdades, mentiras, teorias da conspiração e invencionices num caldo tóxico engolido com vontade pelos crédulos, pelos indignados e pelos perigosos. Os liberais se tornaram o "terceiro partido" ideológico dos Estados Unidos, na retaguarda dos que se autoproclamam independentes e conservadores, mesmo entre eleitores jovens e certos grupos minoritários. Sem nenhuma dúvida fomos completamente repudiados. A figura de Donald Trump em si não é, para falar a verdade, a maior das nossas preocupações. E se não olharmos para além dele, haverá pouca esperança para nós.

O liberalismo americano no século xxi está em crise: uma crise de imaginação e ambição da nossa parte, uma crise de adesão e confiança da parte do grande público. A maioria dos americanos deixou muito claro que já não responde às mensagens que estivemos transmitindo nas últimas décadas. E, mesmo quando votam em nossos candidatos, são cada vez mais hostis à nossa maneira de falar e escrever (especialmente a respeito deles), de argumentar, de fazer campanha, de governar. A famosa observação de Abraham Lincoln é mais uma vez oportuna:

> O sentimento público é tudo. Com ele, nada fracassa; contra ele, nada dá resultado. Quem molda o sentimento público vai mais fundo do que quem promulga leis ou profere decisões judiciais.

A direita americana entende intuitivamente essa lei básica de política democrática, razão pela qual de fato controlou a agenda política dos Estados Unidos por duas gerações. E por duas gerações os liberais têm se recusado a aceitá-la. Como Bartleby, o Escrivão, "preferem não fazê-lo". A pergunta é: por quê? Por que aqueles que alegam falar em nome do grande *demos* americano se negam a despertar seus sentimentos e conquistar a sua confiança? Essa é a questão que eu gostaria de explorar.

* * *

Escrevo na condição de liberal americano frustrado. Minha frustração não está ligada aos eleitores de Trump, nem àqueles que explicitamente apoiaram a ascensão desse demagogo populista, àqueles que na imprensa azeitaram as engrenagens de sua campanha, ou aos medrosos washingtonianos que deixaram de resistir. Outros hão de cuidar dessa gente. Minha frustração tem origem numa ideologia que, há décadas, impede que liberais desenvolvam uma visão ambiciosa dos Estados Unidos e seu futuro capaz de inspirar cidadãos de todas as classes sociais em todas as regiões do país. Uma visão que orientaria o Partido Democrata e o ajudaria a ganhar eleições e a ocupar nossas instituições políticas no longo prazo, para que possamos realizar as mudanças que desejamos e de que os Estados Unidos necessitam. Os liberais trazem muitas coisas para as disputas eleitorais: valores, compromisso, propostas políticas. O que não trazem é uma imagem de como nossa vida comum poderia ser, o que a direita americana tem fornecido desde a eleição de Ronald Reagan. E é essa imagem — não o dinheiro, a propaganda enganosa, o alarmismo ou o racismo — que tem sido a fonte primordial de sua força. Os liberais abdicaram da disputa pelo imaginário americano.

O progressista de hoje e o do amanhã é a história dessa abdicação. Sua tese pode ser resumida em poucas palavras. Minha ideia é que a história da política americana no último século pode com proveito ser dividida em duas "dispensações", para invocar um termo da teologia cristã. A primeira, a Dispensação Roosevelt, estendeu-se da era do New Deal à era do movimento dos direitos civis e à Grande Sociedade nos anos 1960, até se exaurir nos anos 1970. A segunda, a Dispensação Reagan, teve início em 1980 e está sendo agora concluída por um populista oportunista e inescrupuloso. Cada dispensação trouxe consigo uma imagem inspiradora do destino dos Estados Unidos e um catecismo próprio de doutrinas que estabeleceu os termos do debate político. A Dispensação Roosevelt apresentava uma América onde cidadãos se envolviam num empreendimento político para se protegerem mutuamente de riscos, de dificuldades e de ataques a direitos fundamentais. Suas palavras de ordem eram solidariedade, oportunidade e dever público. A Dispensação Reagan apresentava uma América mais individualista, onde famílias e pequenas comunidades e empresas prosperariam quando estivessem livres dos grilhões do Estado. Suas palavras de ordem eram autoconfiança e governo mínimo. A primeira dispensação era política; a segunda, antipolítica.

A grande abdicação liberal começou na era Reagan. Com o fim da Dispensação Roosevelt e o surgimento de uma direita unificada e ambiciosa, os liberais americanos se viram diante de um sério desafio: desenvolver uma nova visão política do destino do país, adaptada às novas realidades da sociedade americana e aprendendo com os fracassos de velhas atitudes. Isso os liberais não souberam fazer.

Envolveram-se na política identitária, perdendo o sentido do que compartilhamos como cidadãos e do que nos une como nação. Uma imagem do liberalismo de Roosevelt e dos sindicatos que o apoiavam era a de um aperto de mãos. Uma imagem recorrente do liberalismo identitário é a de um prisma que reflete um único raio de luz, produzindo um arco-íris. Isso diz tudo.

A política identitária certamente não representa nada de novo na direita americana. O mais impressionante durante a Dispensação Reagan foi o desenvolvimento da sua versão de esquerda, que acabou se tornando a doutrina seguida por duas gerações de políticos, professores, jornalistas, militantes liberais e filiados ao Partido Democrata. Não foi um acidente histórico. Pois o fascínio (e em seguida a obsessão) pela identidade não desafiava o princípio fundamental do reaganismo, o individualismo; ele o reforçava. A política identitária da esquerda se tratava, a princípio, de grandes grupos de pessoas — afro-americanos, mulheres — que buscavam reparar grandes erros históricos se mobilizando e se valendo de nossas instituições políticas para assegurar seus direitos. Mas nos anos 1980 essa política cedera lugar a uma pseudopolítica de autoestima e de autodefinição cada vez mais estreita e excludente, hoje cultivada nas faculdades e universidades. Seu principal resultado foi fazer os jovens se voltarem para a própria interioridade em vez de se abrirem para o mundo exterior. Isso os deixou despreparados para pensar no bem comum e no que deve ser feito, na prática, para assegurá-lo — especialmente a difícil e nada glamorosa tarefa de persuadir pessoas muito diferentes de si a participarem de um esforço comum. Todo progresso da consciência *identitária* liberal tem sido marcado por um retrocesso da consciência *política* liberal, sem a qual nenhuma visão do futuro americano pode ser imaginada.

Por isso não é de surpreender que hoje o termo *liberalismo* deixe tantos americanos indiferentes, quando não hostis. Ele é visto, com alguma justiça, como uma doutrina professada basicamente pelas elites urbanas instruídas, sem contato com o resto do país, que veem os problemas atuais sobretudo através das lentes da identidade, e cujos esforços se resumem em zelar e alimentar movimentos hipersensíveis que dissipam em vez de concentrar as energias do que resta da esquerda. Ao contrário do que dirão os legistas de centro das eleições de 2016, o motivo de os democratas estarem perdendo terreno não é terem pendido demais para a esquerda. Nem, como os progressistas já afirmam, terem se inclinado demais para a direita, especialmente em questões econômicas. Estão perdendo porque se retiraram para as cavernas que construíram para si próprios na encosta do que um dia foi uma grande montanha.

Não há prova mais clara dessa retirada do que o site do Partido Democrata. No momento em que escrevo, a página do Partido Republicano exibe com destaque um documento intitulado "Princípios para a renovação americana", uma declaração de posições sobre distintas e abrangentes questões políticas. A lista começa com a Constituição ("Nossa Constituição deve ser preservada, apreciada e respeitada") e termina com imigração ("Precisamos de um sistema de imigração que proteja nossas fronteiras, resguarde a lei e impulsione nossa economia"). Não há documentos como esse no site do Partido Democrata. Em vez disso, quando descemos até o fim da página, encontramos uma lista de links intitulada "Povo". E cada link leva a uma página concebida para atrair um grupo e uma identidade distintos: mulheres, hispânicos, "americanos étnicos", a comunidade LGBT, indígenas, afro-americanos, asiático-americanos, ilhéus do Pacífico... Há dezessete grupos e dezessete mensagens distintas. Você pode até pensar que foi parar por engano na página do governo libanês — e não na de um partido com uma visão do futuro dos Estados Unidos.

Mas provavelmente a acusação mais danosa que se pode fazer contra o liberalismo identitário é que ele deixa os grupos que alega proteger mais vulneráveis do que de hábito. Há um bom motivo para os liberais darem atenção especial às minorias, uma vez que é mais fácil desprovê-las de direitos civis. Mas, numa democracia, a única maneira de defendê-las a sério — e não fazer apenas gestos vazios de reconhecimento e "celebração" — é ganhar eleições e exercer o poder no longo prazo, em todos os níveis de governo. E o único jeito de conseguir isso é ter uma mensagem com apelo para o maior número possível de pessoas e assim uni-las. O liberalismo identitário faz exatamente o oposto.

Essa orientação equivocada tem consequências no mundo real. Uma coisa é garantir, em nível nacional, o direito constitucional ao aborto. Outra, bem diferente, é garantir que barreiras espúrias para praticar um aborto não sejam construídas em níveis estadual e local. O mesmo vale para direitos eleitorais e outras questões. Se, por exemplo, quisermos proteger motoristas negros de abusos policiais ou casais gays de assédio na rua, precisamos de promotores de justiça dispostos a denunciar tais casos e juízes estaduais dispostos a aplicar a lei. E o único jeito de garantir isso é eleger governadores e legisladores estaduais liberais-democratas que façam as nomeações.

Mas nem sequer estamos na disputa. Os republicanos convenceram a maior parte do público de que eles são o partido da plebe de trabalhadores braçais e os democratas são o partido das executivas alienadas e bem de vida. O resultado é que hoje algumas regiões do país são dominadas tão completamente pela direita radical republicana que ali certas leis federais e até proteções constitucionais são, do ponto de vista prático, letra morta. Se os liberais identitários pensassem politicamente, e não pseudopoliticamente, estariam concentrados em reverter esse quadro em nível local, e não em organizar mais uma marcha em Washington ou redigir mais uma petição. O paradoxo do liberalismo identitário é que ele paralisa a capacidade de pensar e agir da maneira adequada para conseguir o que se diz querer. Vive hipnotizado por simbolismos: conquistar uma diversidade superficial nas organizações, recontar a história de modo a deslocar o foco para grupos marginais e não raro minúsculos, inventar eufemismos inócuos para descrever realidades sociais, proteger os olhos e os ouvidos de adolescentes acostumados a filmes de terror contra qualquer encontro perturbador com pontos de vista alternativos. O liberalismo identitário deixou de ser um projeto político e se metamorfoseou num projeto de evangelização. A diferença é a seguinte: evangelizar é dizer verdades ao poder. Fazer política é conquistar o poder para defender a verdade.

Não pode haver política liberal sem uma consciência de *coletividade* — do que nós somos como cidadãos e do que cada um de nós deve ao outro. Se os liberais esperam algum dia recapturar o imaginário dos Estados Unidos e se tornar uma força dominante em todo o país, não bastará que sejam melhores do que os republicanos em inflar o ego do mítico trabalhador braçal. Eles deverão oferecer uma visão do nosso destino baseada numa coisa que todos os americanos, de qualquer condição, de fato compartilhem. E essa coisa é a cidadania. Precisamos reaprender a falar aos cidadãos *como cidadãos* e a formular nossos apelos — mesmo quando destinados a beneficiar grupos específicos — com princípios que qualquer um possa proclamar. Nosso liberalismo deve se tornar um liberalismo cívico.*

---

* Um sinal do quanto nosso discurso político está poluído é que qualquer menção ao termo *cidadão* leva as pessoas a pensar na demagogia hipócrita e racista que nos dias atuais se traveste em "debate" sobre imigração e refugiados. Não discutirei esses assuntos aqui, e o que tenho a dizer sobre cidadania nada tem a ver com quem deveria receber a cidadania ou com o tratamento que deve ser dispensado aos não cidadãos.

Isso não significa uma retomada do New Deal. Os liberais do amanhã jamais serão como os liberais de outrora: muita coisa mudou. Mas significa que o feitiço da política identitária, que manteve em suas garras duas gerações, precisa ser quebrado para podermos nos concentrar naquilo que compartilhamos como cidadãos. Espero convencer meus colegas liberais de que seu jeito atual de olhar o país, de falar com ele, de ensinar os jovens e de se envolver no fazer político tem sido equivocado e contraproducente. Sua abdicação precisa acabar e uma nova atitude precisa ser adotada.

A verdade amarga mas alentadora é que em meio século nunca houve oportunidade melhor para os liberais começarem a recuperar o país. Os republicanos estão confusos e intelectualmente falidos desde a eleição de Trump. A maioria dos americanos agora reconhece que a "cidade brilhante no alto da colina" de Reagan transformou-se em vilarejos desindustrializados com lojas sucateadas e fábricas abandonadas tomadas pelo mato, em cidades cuja água é insalubre e as armas estão por toda parte, onde famílias de todo o país vivem de bicos que pagam o salário-mínimo e não oferecem plano de saúde. Trata-se de uma América na qual eleitores democratas, independentes e até republicanos se sentem abandonados pelo país. Eles querem que a América volte a ser a América de antes.

Mas não existe *antes* em política, só o depois. E não há razão para que o futuro americano não seja liberal. Nossa mensagem pode e deve ser simples: somos uma república, não um acampamento. Cidadãos não são cadáveres de animais atropelados. Não são danos colaterais. Não são a cauda da distribuição. Um cidadão, só em virtude de ser cidadão, é um de nós. No passado, permanecemos unidos para defender o país contra adversários estrangeiros. Agora, precisamos permanecer unidos internamente para ter certeza de que nenhum de nós corra o risco de ser deixado para trás. Somos todos americanos e devemos isso uns aos outros. É isso que liberalismo significa.

O liberalismo americano tem uma reputação, como diz o ditado, de jamais perder uma oportunidade de perder uma oportunidade. Que desta vez essa profecia não se cumpra. A eleição de Donald Trump liberou reservas de energia represadas cuja descoberta pareceu surpreender até os próprios liberais e progressistas. Uma onda popular da esquerda se levantou para resistir a uma onda populista da direita, o que nos traz algum ânimo. Mas "resistência" não será suficiente. Como estratégia de curto prazo, devemos dirigir cada partícula dessa energia para a política eleitoral, a fim de podermos de fato promover a mudança que alegamos buscar. E nossa ambição de longo prazo deve ser desenvolver uma visão da América que surja autenticamente de nossos valores liberais e, contudo, fale a cada cidadão, na qualidade de cidadão. Isso exigirá uma reorientação do nosso jeito de pensar e agir, mas acima de tudo significará deixar para trás a era da identidade. É hora — já passou da hora — de cair na real.

1. Antipolítica

Vejo uma multidão imensa de homens semelhantes e iguais, que giram incessantemente em torno de si mesmos, em busca de prazerezinhos vulgares para encher a alma. Vivendo separadamente, cada um é como um estrangeiro em relação ao destino dos outros. Os filhos e amigos resumem para ele toda a raça humana. Quanto aos outros cidadãos, está perto deles, toca-os mas não os sente. Existe apenas em si e para si mesmo, sozinho. E, embora talvez ainda tenha uma família, já não tem um país.

Alexis de Tocqueville

Meu cidadão ideal é o sujeito que trabalha por conta própria, estuda em casa, separa dinheiro para a própria aposentadoria e tem licença para andar armado. Pois essa pessoa não precisa do maldito governo para nada.

Grover Norquist

UMA PALAVRINHA DE KARL MARX

Em janeiro de 1981, um novo presidente encabeçando um partido rejuvenescido tomou posse. No entanto, parecia que algo mais importante do que uma eleição tinha acabado de ocorrer. *Passaram-se as coisas antigas; eis que se fez uma realidade nova.* É difícil transmitir a alguém que não estivesse vivo e politicamente consciente naquela época o quanto os Estados Unidos do fim dos anos 1970 eram um lugar monótono e aborrecido, sem direção nem confiança. Todos os slogans herdados do New Deal e da Grande Sociedade, todas as antigas convicções, todas as velhas atitudes tinham uma palidez mortal. Não convenciam nem motivavam ninguém. Uma nova geração de intelectuais conservadores muito bem preparados tinha ideias sérias e novas sobre reformar (e não abolir) o governo, nas quais eles realmente acreditavam e que os faziam parecer os alunos mais brilhantes da sala. Mas não foi o estudo criterioso dos seus argumentos que convenceu milhões de americanos a votar em Ronald Reagan. Foi a conexão imaginativa que ele estabeleceu com o público o que transformou aquelas ideias em epifania, na visão de um novo estilo de vida nacional, dissimulada de velha visão. E isso lhe permitiu apresentar-se como um bronco e modesto João Batista. No ano anterior à eleição, sete entre oito americanos se declararam insatisfeitos com a situação do país. Em 1986, só um quarto pensava assim. Aleluia.

Os democratas liberais escarneceram — eis seu primeiro erro. Não conseguiam aceitar que com Reagan não estavam lidando com versões recauchutadas da Guerra Fria ou com banalidades do Rotary Club recitadas por um fantoche das classes convencionais. Estavam diante de uma nova dispensação política. Uma dispensação política é muito difícil de definir, difícil até de perceber antes que esteja concluída e que o abismo entre retórica e realidade se revele. A dispensação não está fundamentada num conjunto de princípios ou argumentos; está fundamentada em sentimentos e percepções que conferem força psicológica a princípios e argumentos. Quando sobreveio a Grande Depressão, as conversas sensatas sobre responsabilidade fiscal e orçamento equilibrado se esfumaram e as discussões sobre o destino do "homem ignorado" se intensificaram. O orçamento ainda estava lá, da mesma forma como o homem ignorado lá estivera durante toda a nossa "Era Dourada". De alguma forma, no entanto, tudo transparecia a sensação de ser diferente. Com a eleição de Franklin Delano Roosevelt, uma chave girou, um paradigma mudou, uma rota se alterou — ou qualquer outra metáfora. E quando isso acontece não há como voltar atrás. Se você não gosta dos termos do debate durante uma dispensação, sua única alternativa é preparar uma nova. Nostalgia é suicídio.

Também é suicida a ideia indolente de que é preciso aguardar que as pessoas se revoltem novamente contra os usurpadores. Os republicanos cometeram esse erro com Roosevelt, e os democratas o cometeram com Reagan. Não devemos jamais esquecer que mobilizar corações e mentes por mais de um ciclo eleitoral não é fácil, e, se uma ideologia perdura, quer dizer que está capturando alguma coisa importante na realidade social. Nisto Marx tinha razão: as condições materiais ajudam a determinar quais ideias políticas encontram repercussão num dado momento histórico. Havia razões materiais concretas para que a Dispensação Roosevelt durasse quatro décadas, e novas razões materiais concretas para que a Dispensação Reagan durasse mais ou menos isso. O que significa que os liberais, se querem mesmo suplantar o reaganismo no imaginário público, precisam primeiro entender por que ele surgiu e conservou por tanto tempo sua capacidade de convencimento. Que mudança na vida econômica e social americana tornou essa ideologia plausível?

Responder a essa pergunta é um exercício importante. Seja qual for a visão dos Estados Unidos e do seu futuro que os liberais venham a apresentar, é necessário que se baseie numa visão friamente realista de como vivemos agora. Fazemos política com o país que temos, e não com o país que desejamos. O reaganismo subsistiu porque não declarou guerra ao modo como a maioria dos americanos vivia e pensava sobre si mesma. Foi aceito de imediato. E perdeu força porque a contradição entre os dogmas e a realidade social está se tornando flagrante demais. O mesmo se aplica ao liberalismo identitário. Ganhou força porque estava em harmonia com algumas das profundas mudanças sociais a que o reaganismo também respondeu. E agora, levando em conta onde o país está, precisamos de uma alternativa. Mas primeiro devemos entender como viemos parar aqui.

PARTÍCULAS ELEMENTARES

Uma revolução pode ofuscar outra. O ano de 1989 se destaca na memória histórica como o momento em que o império soviético veio abaixo, e com ele todas as esperanças investidas no comunismo e na política revolucionária mundo afora. Para algumas autoridades e alguns comentaristas americanos parecia até que a democracia liberal tinha sido coroada como a última ideologia política restante, e talvez até mesmo como o objetivo inconsciente de todo o esforço humano ao longo da história. Foi um período triunfalista, e portanto repleto de ironias.

A maior delas era que enquanto a ideia de política democrática avançava no mundo inteiro na última década da Guerra Fria, os americanos investiam cada vez menos na prática dessa política. Depois que os muros caíram na Europa oriental, começou a solene tarefa de redigir Constituições e ocorreram debates sinceros sobre tudo, desde os poderes relativos do Executivo, do Legislativo e do Judiciário até quais direitos básicos e garantias sociais deveriam ser consagrados em lei. Formaram-se novos partidos, depois surgiram facções dentro deles, que então se dividiram e viraram partidos ainda mais novos. Tudo isso era uma experiência extraordinária para pessoas que tinham sido impedidas de determinar seu destino coletivo durante gerações. Eram, finalmente, cidadãos.

Nos Estados Unidos, o quadro era bem diferente. Embora Ronald Reagan apoiasse publicamente grupos pró-democracia como o Solidariedade, na Polônia, e fizesse um apelo dramático ao líder soviético Mikhail Gorbatchóv para derrubar o Muro de Berlim, internamente ele tinha sido eleito por pessoas que já não conseguiam ver sentido em discutir o bem comum e envolver-se politicamente para tentar realizá-lo. Uma nova atitude diante da vida vinha ganhando terreno nos Estados Unidos, na qual as necessidades e os desejos dos indivíduos adquiriam uma prioridade quase absoluta sobre os da sociedade. Essa revolução subliminar contribuiu mais para dar forma à política americana no último meio século do que qualquer acontecimento histórico.

Toda revolução tem precondições materiais, e essa também teve. Os trinta anos de crescimento econômico ininterrupto e de avanço tecnológico que se seguiram à Segunda Guerra Mundial não tiveram precedente histórico. Salários cada vez mais altos e políticas públicas de incentivo à aquisição de imóveis e carros desencadearam um vasto crescimento de subúrbios em volta das grandes cidades americanas e, em seguida, uma lenta transferência de populações do Sul para o Oeste. As pessoas, ao deixarem seus antigos bairros rodeados de família e amigos — e contato com os problemas sociais que afligem qualquer cidade grande —, se viam de repente em território aparentemente virgem, cercadas por outras com quem não tinham qualquer ligação e que pareciam estar apenas de passagem, como elas próprias. Era uma fronteira de faz de conta, com colonos vivendo confortavelmente em veículos de dois andares e ar-condicionado. Ali praticamente todos os aspectos da vida de classe média passaram por transformações.

Veja-se a família. Graças a novos eletrodomésticos e ao automóvel, as donas de casa nos anos 1950 ficaram mais independentes e livres de tarefas cansativas, mas também mais isoladas e distantes de oportunidades de trabalho. Nos anos 1960, a dona de casa frustrada tornou-se um estereótipo de nossa literatura e nossos filmes, e logo *la pasionaria* de uma nova onda feminista. A pílula anticoncepcional, o divórcio sem culpabilidade e o aborto legalizado deram a maridos e mulheres independência erótica um do outro. Como se poderia prever, os índices de divórcio dispararam, e homens e mulheres passaram a se casar mais tarde, ou nunca. Mães, também conforme o esperado, logo se viram lutando sozinhas para criar os filhos. Nas décadas seguintes a vida mudou também para os filhos. Tiveram menos irmãos, por isso se acostumaram a passar muito tempo sozinhos ou a serem conduzidos de lá para cá em carros equipados para enfrentar uma Operação Tempestade no Deserto. Moravam em condomínios fechados, onde jamais foram ensinados a dar um passeio ou a conhecer pessoas, e onde a mera visão de uma criança caminhando sozinha até a escola logo suscitava telefonemas preocupados para a polícia, que repreendia os pais por terem assumido tal risco. No fim, os filhos iam para a faculdade, quase sempre muito longe de casa, e ao se formar ingressavam na nova classe urbana das pessoas independentes de vinte, trinta e tantos anos, sem responsabilidade para com ninguém, a não ser consigo mesmas. Viam os pais e os irmãos em visitas apressadas nos feriados, isso quando não se limitavam a manter contato pela internet. Até finalmente se casarem, irem morar no subúrbio, e o ciclo recomeçar.

Tornamo-nos uma sociedade burguesa hiperindividualista, tanto materialmente como em nossos dogmas culturais. Quase todas as ideias, crenças ou sentimentos que antes abafavam a perene demanda americana por autonomia individual evaporaram. Opção *pessoal*. Direitos *individuais*. *Auto*definição. Pronunciamos essas palavras como se fossem votos matrimoniais. Nós as ouvimos nas escolas, na televisão, em salas de reunião abafadas de Wall Street, nos cercadinhos iluminados do Vale do Silício, na igreja — até mesmo na cama. Nós as ouvimos com tanta frequência que achamos difícil pensar ou falar sobre quaisquer outros assuntos que não sejam esses termos egocêntricos. E portanto era de esperar que uma hora dessas nossa política nos acompanhasse e fosse infectada pelo mesmo egocentrismo, e que nosso vocabulário político fosse revisto para corresponder à nova realidade. Em 1974, o filósofo Robert Nozick, de Harvard, publicou um best-seller intitulado *Anarquia, Estado e utopia*. Chocou muita gente ao afirmar que se levássemos o princípio dos direitos individuais a sério, então só um Estado mínimo poderia ser justificado. O que não chocou foi a suposição indiscutível do argumento, compartilhada por todos:

> Não existe entidade social com um bem que faça algum sacrifício para seu próprio bem. Existem apenas indivíduos, diferentes indivíduos, com sua vida individual. Usar uma dessas pessoas em benefício de outras é usá-la e beneficiar as

outras. Nada mais... Falar de um bem social geral acoberta esse fato.

O próprio conceito de *coletividade* agora parecia suspeito. É difícil imaginar que Ronald Reagan tenha lido Robert Nozick, mas ele nem precisava. Ambos respiravam a mesma atmosfera cultural, por assim dizer. Contudo foi o ex-ator, não o filósofo, que deu o salto da potencialidade para a realidade e transformou uma austera doutrina libertária numa visão imaginativa da boa vida que se poderia alcançar, desde que ele fosse eleito. E foi.

Toda dispensação política traz consigo um catecismo, e o de Reagan não era difícil de decorar. Tinha quatro preceitos de fé muito simples:

- A boa vida é a vida dos indivíduos autônomos — indivíduos alicerçados talvez em famílias, igrejas e pequenas comunidades, mas não cidadãos de uma república com objetivos comuns e obrigações uns para com os outros.
- Deve-se dar prioridade a acumular — em vez de distribuir — riqueza, o que permite que indivíduos e famílias mantenham sua independência e prosperem.
- Quanto mais livres são os mercados, mais eles crescem e enriquecem todo mundo.
- O governo, para citar Reagan, "é o problema". Não o governo tirânico, não o governo ineficiente, não o governo injusto. Mas o governo em si.

* * *

Esse catecismo não é conservador em nenhum sentido tradicional. Trata como axiomática a primazia da autodeterminação sobre os vínculos tradicionais de dependência e obrigação. Não tem quase nada a dizer sobre as necessidades naturais das coletividades — das famílias às nações — ou sobre nossa obrigação de satisfazê-las. Tem um vocabulário para discutir o meu e o teu, mas não para invocar o bem comum ou tratar de classes ou outras realidades sociais. A imagem da nossa existência que ele apresenta é a das partículas elementares espalhadas no espaço, cada uma girando a uma velocidade própria e seguindo sua própria trajetória.*

AURORA

Isso tudo representava um profundo rompimento com o catecismo da Dispensação Roosevelt. Muitos liberais pen-

---

* Um conservador social pode contestar essa afirmação alegando que deixei de fora a educação moral oferecida pelas igrejas. O que há de notável a respeito da religião americana durante a Dispensação Reagan, porém, é o grau em que a fé foi adaptada ao libertarianismo ambiente, em vez de abrandá-lo. Antes da suburbanização, as igrejas cristãs majoritárias tinham prosperado em bairros étnicos urbanos e cidadezinhas rurais onde todo mundo se conhecia. Nos subúrbios, as pessoas começaram a se afastar ou a ingressar em novos grupos evangélicos cujas doutrinas eram notavelmente livres de dogma, culpa e obrigações sociais. Com o tempo, comprometer-se mesmo com uma dessas igrejas virou algo muito limitador, e os americanos se habituaram a "pastar", frequentando diferentes igrejas em diferentes domingos, dependendo do humor. Mais e mais pessoas se salvavam, mas sozinhas.

sam na mudança como uma espécie de queda moral no egoísmo, e portanto acham que se os americanos se tornassem "pessoas melhores" acabariam retornando à família democrata. O que essa fantasia ignora é que as duas dispensações nasceram de realidades sociais e experiências históricas muito diferentes. A Dispensação Roosevelt foi adotada pela primeira vez nos anos 1930 porque era uma resposta ao evidente fracasso dos conservadores em empregar o governo para confrontar os dois grandes desafios da época: o colapso econômico e a difusão do fascismo. Sob a liderança de Franklin Delano Roosevelt, a experiência de perigo enfrentado e vencido na Grande Depressão e na Segunda Guerra Mundial uniu o país de um jeito que nunca tinha acontecido. Foi esse novo fato social, e não uma conversão moral, que permitiu aos liberais desenvolverem um catecismo inspirador que foi seguido, ou simplesmente aceito, pela maioria dos americanos por quase meio século.*

Por trás desse catecismo havia uma visão política do que o país era e do que poderia vir a ser. Era baseada em classes, embora incluísse na classe merecedora pessoas de todas as trajetórias de vida — agricultores, operários, viú-

---

* Incluindo muitos republicanos. Lembre-se que Richard Nixon criou uma vasta rede de verbas federais para governos estaduais e locais para programas sociais, fundou uma imponente agência para regular emissões de ar e água, e outra para regular a saúde e a segurança dos trabalhadores. Além disso, tentou estabelecer uma renda mínima garantida para todas as famílias trabalhadoras e, para coroar, propôs um plano de saúde nacional que teria fornecido seguros governamentais para famílias de baixa renda, exigido que empregadores cobrissem todos os empregados e estabelecido padrões para seguro privado.

vas com filhos, protestantes e católicos, nortistas e sulistas — que padecessem dos flagelos da época. Em suma, quase todo mundo (embora os afro-americanos fossem efetivamente privados de direitos em muitos programas, devido à resistência dos dixiecratas). A Dispensação Roosevelt também coincidiu com a propagação dos veículos de comunicação de massa — revistas ilustradas, cinejornais, filmes, mais tarde a televisão —, que durante cinquenta anos projetaram em toda parte imagens que correspondiam à visão de Roosevelt. Imagens de injustiça impactantes se incrustaram na mente americana: caravanas de agricultores da região árida e poeirenta do Centro-Sul rumando para o Oeste, casebres dilapidados da Appalachia, operários em greve avançando contra a polícia, afro-americanos mordidos por cães e alvejados por jatos de água por ousarem pedir comida num balcão de lanchonete. Mas havia também imagens de americanos trabalhando juntos para melhorar o país e até o mundo: soldados erguendo a bandeira depois de derrotar um exército fascista, suas esposas de macacão trabalhando no torno mecânico, operários sem camisa construindo a represa Hoover, cabos elétricos e telefônicos sendo estendidos sobre montanhas, veteranos regressando a campi universitários, cidadãos de braços dados para exigir o direito ao voto, e jovens voluntários do Corpo da Paz difundindo a benevolência americana mundo afora. Na visão de Roosevelt, quatro liberdades universais foram declaradas e aceitas como evidentes pela grande maioria: liberdade de expressão, liberdade religiosa, liberdade de viver sem penúria, liberdade de viver sem medo. Essa visão impregnou de confiança, esperança, orgulho e espírito de autossacrifício três gerações de liberais. E de patriotismo. Eles não viam problema nenhum em ficar de pé para ouvir o hino nacional.

Mas todo catecismo tende, com o tempo, a se tornar rígido e formulaico, até acabar se descolando da realidade social. Foi exatamente o que aconteceu com o liberalismo americano nos anos 1970. Ele acrescentou ao princípio de que a ação coletiva serve ao bem público a profissão de fé de que impostos, gastos, regulamentos e decisões judiciais eram sempre a melhor maneira de alcançar esse fim. Nos anos 1980, havia incontáveis razões para questionar o pressuposto de que o governo sabia o que estava fazendo e merecia a confiança do povo — Vietnã, Watergate, impotência diante da estagflação e assim por diante. Introduziram-se programas demais na Grande Sociedade, com uma rapidez desmedida e uma retórica muito elevada, criando expectativas exageradas que resultaram em decepções inevitáveis. Para frustração geral, parecia que nenhum desses programas era capaz de reverter o declínio das grandes cidades e a expansão do rol de carentes de benefícios sociais do Estado. E alguns programas contribuíam, claramente, para piorar a situação. Além disso, o problema era agravado pela recusa dos liberais em falar sobre a nova cultura de dependência, ou sobre o incrível aumento dos crimes violentos nos anos 1960, a grande maioria deles sem nenhuma relação com as drogas. Em vez de ver o que tinham diante dos olhos, foram atrás daqueles que supostamente "culpavam a vítima", título de um livro liberal de enorme influência nos anos 1970, e com isso perderam credibilidade entre os eleitores brancos de classe média baixa, tidos como culpados desse metacrime. Regulamentos bem-intencionados fixados descoordenadamente por dezenas de agências sufocavam as pequenas empresas e começavam a asfixiar o crescimento econômico. Os liberais apoiavam sem hesitar os sindicatos, mesmo quando estes resistiam a adaptações razoáveis a novas tecnologias ou simplesmente defendiam privilégios com os quais trabalhadores não sindicalizados nem sequer sonhavam. E o que era ainda mais estúpido: os liberais passaram a recorrer cada vez mais aos tribunais para contornar o processo legislativo sempre que este deixava de produzir os resultados que desejavam (e que também eu desejava). Choviam decisões a respeito de tudo, desde a proteção de peixes raros até questões mais explosivas, como aborto e transporte escolar. Os liberais perderam o hábito de consultar a temperatura da opinião pública, de buscar o consenso e de dar pequenos passos de cada vez. Isso tornou o público cada vez mais suscetível à alegação da direita de que o judiciário era apenas uma reserva imperial das elites instruídas. A acusação pegou, e a aprovação de nomeações para o judiciário tornou-se desde então um processo intensamente político-partidário, que a direita agora domina. Esses fatores se juntaram para convencer uma parcela cada vez maior da opinião pública de que, ainda que quisessem trabalhar juntos, a ação governamental seria ineficiente, cara demais, contraproducente ou descontrolada.

* * *

Entra em cena Ronald Reagan. A visão política de Roosevelt já não cativava a sociedade relativamente rica, hiperindividualizada e suburbanizada em que os Estados Unidos se transformaram. Americanos já não sentiam que precisavam uns dos outros, ou que deviam tanto uns aos outros. E então Reagan lhes ofereceu um conceito novo e antipolítico da boa vida que reforçava o que todos estavam vivendo nessa nova fronteira. Ele recorreu a velhas metáforas, já existentes no imaginário nacional nos tempos pré-Roosevelt: imagens de colonos e pequenos proprietários rurais autossuficientes, de famílias agradecendo a Deus pelo alimento concedido, de virtudes simples ameaçadas pela vida urbana, de uma elite profissional egoísta explorando os menos instruídos, e de potentes forças armadas resistindo a um perigo evidente e imediato. Mas teve a sutileza de atualizar essas imagens para uma classe nova e muito diferente de americanos em sua maioria brancos. As famílias rurais tirando água do poço enquanto vacas mugiam agora davam lugar a moradores de conjuntos residenciais onde o único som audível à tarde era o *tique, tique, tique* dos irrigadores de jardim, a pessoas que tinham frequentado a faculdade, ainda que por pouco tempo, e trabalhavam em prédios comerciais ou em hospitais, e não no campo. A distância entre essas imagens e a realidade era grande, mas de um modo que era favorável a Reagan. Sua visão era ao mesmo tempo nostálgica e futurista: convencia os americanos de que a felicidade da era de ouro ainda estava ao seu alcance, logo depois daquela serra, desde que a bondade e as energias criativas do país fossem liberadas.

Reagan abandonou o estilo sisudo, repreendedor e apocalíptico dos anos 1950 e agora irradiava otimismo. Depois do apelo pouco convincente de George McGovern, "Volte para casa, América!", depois dos sóbrios sapatos de Jimmy Carter, de seu sóbrio suéter e de seu sóbrio conselho para abaixar o termostato, Reagan sorria radiante: "Crepúsculo? Não na América. Aqui é aurora o dia todo". Mais importante ainda, ele transpirava admiração pelos americanos e não lhes pedia que mudassem nada. Depois que Jimmy Carter pronunciou seu diagnóstico do mal-estar dos Estados Unidos, Reagan respondeu: "Não vejo nenhum mal-estar nacional. Não vejo nada de errado com o povo americano". Teve até a audácia de aconselhar aos eleitores que reelegessem Carter "se ele inculcar em vocês orgulho pelo país e um sentimento de otimismo em relação ao futuro" — uma brilhante aparada de golpe que lembrou às pessoas o patriotismo que tanto queriam voltar a sentir.

Mas o novo patriotismo não era político e certamente nada tinha a ver com governo. Até o serviço militar foi "comercializado" de forma diferente durante a Dispensação Reagan. O lema de recrutamento do Exército introduzido em 1980 era "Seja tudo que você pode ser!" — que poderia ter sido tirado de um livro de Dale Carnegie. Anúncios de recrutamento na televisão giravam em torno de qualificação profissional e oportunidades de emprego que poderiam surgir no mundo dos negócios depois do serviço ativo e não de experiências de camaradagem e autossacrifício a serem adquiridas enquanto os recrutas estivessem vestindo a farda. Durante o governo George W. Bush, o slogan mudou de novo: "Exército de um só!" — que era mais belicoso, mas não menos individualista.

A palavra *governo* adquiriu uma conotação estranha durante a Dispensação Reagan, como ocorre periodicamente ao longo da história americana. Quando os republicanos a pronunciavam, os ouvintes visualizavam uma nave alienígena descendo sobre os felizes provincianos da porção central dos Estados Unidos, sugando todos os recursos, corrompendo as crianças e escravizando a população. Ouvindo-os, nunca se pensaria que vivemos num sistema democrático, elegendo nossos representantes, nos livrando deles quando não gostamos, nos manifestando em reuniões municipais e apelando sempre à Suprema Corte quando nos sentimos lesados em nossos direitos. Jamais adivinharíamos que a frase que eles adoram repetir, "Nós, o povo", aparece no início de um documento que estabelece um novo — isso mesmo — governo. Jamais imaginaríamos que, sem governo, a vida deles e de todos os seus eleitores acabaria num beco sem saída. Afinal de contas, quem é que manda todos esses cheques da previdência social e do seguro de saúde federal para republicanos idosos?*

---

* Anos atrás, *The Onion*, essa bíblia do bom senso, publicou um artigo intitulado "Libertário liga relutantemente para o Corpo de Bombeiros": CHEYENNE, WYOMING — Depois de tentar controlar um incêndio na sala de

* * *

Reagan ignorou tudo isso. Prometeu aos americanos que a boa vida viria espontaneamente, enquanto indivíduos e famílias cuidavam dos seus próprios negócios — sobretudo das empresas. Um novo herói americano nasceu, O Empreendedor. O culto que surgiu para idolatrá-lo nos anos 1980 oferecia sonhos de um trajeto fácil até a nobreza, acessível a qualquer um que tivesse uma ideia, uma garagem e algumas ferramentas elétricas. Fácil também em outro sentido: não envolvia obrigações morais. Os americanos sempre foram empreendedores e sempre acreditaram que ficar rico era a glória. Mas nosso calvinismo, há muito abandonado, tratava a riqueza como prova de valor moral, fruto da disciplina e da abnegação, e não da preocupação exclusiva de cada um consigo mesmo. As histórias de Horatio Alger não eram as histórias de Gordon Gekko, ou as histórias de Ivan Boesky, ou ainda as histórias de Bernie Madoff. Os personagens usavam suspensórios, mas não eram senhores de nenhum universo, não fumavam charutos imensos ou bebiam vinhos de mil dólares a garrafa ou levavam clientes para clubes de striptease. Apesar de todo o seu conservadorismo social, a visão da boa vida de Ronald Reagan era notavelmente amoral. Ele não pregava ou estimulava explicitamente o he-

---

estar provocado por um cigarro, o libertário de carteirinha Trent Jacobs relutantemente ligou para o Corpo de Bombeiros de Cheyenne na segunda-feira. "Embora fosse melhor para a comunidade contar com um serviço de combate ao fogo eficiente, de livre mercado, a verdade é que corpos de bombeiros públicos, caros e desnecessários, existem", disse Jacobs. "Além disso, minha casa estava virando cinzas."

donismo; ele não enaltecia a cultura da impunidade que se desenvolveu durante sua presidência. Mas ele também não os criticava. Conhecia bem demais a nossa sociedade libertária para cometer esse erro.

CREPÚSCULO

Invocando a imagem de uma vida melhor, com poucas exigências morais numa América menos política, Reagan conseguiu unir o Partido Republicano, que depois de Watergate era um organismo irritadiço e indisciplinado, muito parecido com o Partido Democrata de hoje. Juntou patrícios liberais do Leste, sulistas ressentidos e grupos étnicos operários do Meio-Oeste que tinham abandonado o Partido Democrata, obsessivos defensores do livre mercado, ferrenhos cavaleiros anticomunistas, desequilibrados proponentes de teorias da conspiração, líderes religiosos enojados com as mudanças culturais dos anos 1960 e — um grupo não insignificante — mulheres conservadoras que viam no feminismo um ataque pessoal à sua qualidade de mãe e dona de casa. Era uma coligação variada em ideologia e temperamento. Mas faltava uma visão comum do que os Estados Unidos eram e poderiam vir a ser. Quando Reagan lhes forneceu uma, o partido deixou de ser uma coligação, passando a ser uma força ideologicamente unificada e eleitoralmente poderosa, que pensava e agia como uma "máquina bem regulada", para tomar emprestada uma frase característica do nosso presidente atual. E até recentemente, ele foi.

* * *

Uma vez eleito Reagan, a estratégia republicana tinha dois componentes. O primeiro era construir de baixo para cima, criando raízes para o partido para que ele pudesse vencer eleições locais e estaduais, em seguida eleições legislativas e, por fim, a presidência. Tratando-se da presidência, os democratas demonstram ter traumas da figura paterna mesmo quando seu candidato é uma mulher. Em vez de se concentrar na tarefa diária de conquistar pessoas em nível local, eles se concentram na mídia nacional e investem suas energias na tentativa de conquistar a presidência a cada quatro anos. E, quando o fazem, esperam que a figura paterna resolva todos os problemas do país, indiferentes ao fato de que, sem apoio no Congresso e nos estados, um presidente, em nosso sistema, não consegue muita coisa. E por isso vivem perpetuamente insatisfeitos com seu presidente, criticando-o pela esquerda, que é a última coisa de que um presidente democrata necessita no cenário atual. O pensamento republicano desde o início foi bem diferente, como Grover Norquist, o influente presidente de Americanos pela Reforma Tributária, admite em tom espirituoso:

> Não estamos entrevistando pessoas em busca de um líder destemido. Não precisamos de um presidente que nos indique uma direção. Sabemos para onde ir... Só precisamos de um presidente para assinar coisas. Não precisamos de ninguém para criar ou elaborar nada. A liderança do movimento conservador moderno pelos próximos vinte anos virá da Câmara e do Senado... Basta escolher um republicano com

dedos capazes de segurar uma caneta para que se torne presidente dos Estados Unidos.

Missão cumprida.

O outro componente consistia em proporcionar educação política para formar quadros. Os republicanos procuraram doadores ricos para criar fundações e *think tanks* como espaços seguros fora das universidades para preparar o catecismo de Reagan, documento que surgiu num guardanapo e cresceu até se tornar uma vasta biblioteca de livros populares e estudos políticos acadêmicos. Ergueram acampamentos de verão em que estudantes universitários podiam ler Aristóteles, Alexander Hamilton e Friedrich von Hayek e aprender a associá-los. Criaram grupos de leitura para professores, que eram pagos para comparecer. Financiaram estudos de alunos de pós-graduação e os empregaram como aprendizes de professores aprovados pelo movimento. Também financiaram jornais universitários e organizações nacionais como a Federalist Society, que introduz alunos à interpretação "originalista" do direito constitucional e funciona como agência de emprego para advogados jovens à procura de estágio e magistério. Essa organização em especial revolucionou a maneira de ensinar e interpretar o direito no país, e, portanto, a maneira como o país é governado. É fruto da estratégia pedagógica dos conservadores. Os pais e avós do movimento, alguns dos quais tinham sido trotskistas, compreenderam intuitivamente que para provocar mudanças duradouras o movimento teria que formar e manter quadros, e despachá-los com mochilas cheias na longa marcha através das instituições. Marcha essa que tinha o objetivo de desmantelar o governo, primeiro assumindo o controle, depois alcançando fins antipolíticos por meios políticos.

Nos anos 1980, a direita reaganista colheu o que tinha zelosamente semeado. Mas, como aconteceu com os liberais nos anos 1970, os novos convertidos logo começaram a radicalizar o catecismo e exceder-se, até os dogmas se distanciarem da realidade. A radicalização do reaganismo ocorreu demasiado rápido, e de modo muito estranho, quando o cordial Reagan desapareceu. No momento em que Bill Clinton foi eleito presidente, o movimento conservador teve um ataque de histeria que fazia lembrar os anos 1950 e que ainda não passou. Pouco importava que Clinton tivesse lutado para conduzir o Partido Democrata para o centro, que em relação à economia e à política externa ele fosse realista, que tivesse declarado que "a era do governo forte acabou" e convocasse a "acabar com o bem-estar social tal como o conhecemos". Republicanos do Congresso queriam contê-lo a qualquer custo. Fecharam o governo só para mostrar que podiam e votaram seu impeachment por causa de um pecadilho. Diferentemente de Ronald Reagan, eles se tornaram absolutistas no que dizia respeito a redução de impostos, controle de armas e aborto, e expurgaram de suas fileiras quem quer que ousasse discordar. E começaram a se refestelar no ritual diário de acompanhar as rádios sensacionalistas e a Fox News, estimulando entre eles e em suas bases um delírio de previsões apocalípticas sobre a situação do país. Aurora nos Estados Unidos? Não, meia-noite! *Meia-noite! Meia-noite!*

O iminente colapso conservador parecia óbvio às cabeças mais frias do movimento, e durante os anos Clinton várias delas publicaram excelentes livros sobre o que havia de errado e como voltar aos trilhos. E quando George W. Bush disputou as eleições com um programa de "conservadorismo com compaixão", muitos receberam prontamente o que lhes parecia uma visão com mais espírito cívico. Mas dentro de um ano a retórica foi posta de lado, e não só por causa dos ataques terroristas do Onze de Setembro. Os jacobinos do movimento conservador, financiado por uma nova classe de bilionários fanáticos sem qualquer experiência em Washington, detinham o controle e purificavam as fileiras. Especialistas do tipo "dois lados" — "por um lado… por outro lado…" — foram expurgados dos *think tanks*, que abandonavam qualquer pretensão de independência e simplesmente juravam lealdade à ala direitista do Partido Republicano. O nível do rádio e da televisão de direita, por assim dizer, caiu mais ainda e os grunhidos de pessoas despreparadas, mas agressivas, sufocavam qualquer conversa séria. Os esforços de manipulação do processo eleitoral pelo Partido Republicano também provocaram consequências imprevistas. Durante anos o partido canalizara recursos para os legislativos estaduais a fim de redesenhar distritos congressionais e garantir o controle republicano. Mas essa estratégia também deixava os titulares dos cargos suscetíveis de contestação nas primárias por candidatos mais radicais do que eles e que contavam com bilionários para financiar suas campanhas.

Apesar disso, a máquina continuava ligada. O establishment republicano mantinha a calma porque estava convencido de que tinha uma estratégia imbatível. Se as políticas que promovia e instituía tivessem êxito, tudo bem. Se fracassassem, os republicanos sempre poderiam alegar que os órgãos que de fato controlavam a burocracia em Washington e a mídia ainda estavam em mãos inimigas, por isso medidas mais extremas eram necessárias. É uma manobra clássica dos líderes revolucionários ao longo da história: o fracasso da revolução demonstra a necessidade de radicalizá-la. É por isso que nas últimas décadas os americanos têm assistido ao espetáculo de humor negro de candidatos republicanos concorrendo vitoriosamente a cargos com um discurso contra "o governo" — e, uma vez no poder, tentando a reeleição com a promessa de derrubar "o governo" que eles próprios controlam.

Então, quando os anos Bush chegavam ao fim, o establishment republicano reaganista viu-se diante de dois grandes desafios. O primeiro foi Barack Obama, que acabara de trucidar John McCain. Obama era uma cara nova em muitos sentidos além dos óbvios. Não era visto como um alguém que jogava para a extrema direita e para a extrema esquerda, como Bill Clinton. Aplaudia a força da retórica otimista de Reagan e tentava elaborar a sua própria, embora com êxito apenas moderado. Era, reconhecidamente, um tanto vazia. ("Esperança"... em quê? "Sim, nós podemos"... fazer o quê?) E não conseguia suscitar imagens memoráveis do passado e do futuro dos Estados Unidos, como Franklin Delano Roosevelt e Ronald Reagan sempre fizeram. Mas para milhões de americanos, especialmente jovens que cresceram nos anos Bush, pouco eloquentes e afligidos pela guerra, soava como poesia. O mesmo não se poderia dizer das tiradas de Sarah Palin, com sua duvidosa gramática, ou dos rudes aplausos de Joe "o Encanador" Wurzelbacher.

O outro desafio veio com a onda de indignação populista que se seguiu à recessão de 2008. Parte dessa raiva foi canalizada para o Tea Party, após o que foi rapidamente absorvida pelo exército republicano, onde fornecia tropas de choque para contra-atacar cada iniciativa e nomeação de Obama. Mas quem de fato deu aos republicanos um gostinho do que viria quando a recessão se aprofundasse foi o então popular demagogo de direita Glenn Beck. Adepto apocalíptico da teoria da conspiração, apesar de estranhamente animado, Beck cobria quadro-negro após quadro-negro com diagramas de Venn em suas transmissões diárias pela Fox News explicando os vínculos secretos entre os radicais dos anos 1960 e Barack Obama. Mas ele rompeu com muitos dogmas republicanos, particularmente em economia e política externa, chegando a escrever em um dos seus livros que, "durante o governo Bush, a política e as corporações globais ditaram boa parte da nossa política econômica e de fronteira. A construção nacional e o internacionalismo também desempenharam um importante papel em nosso afastamento dos princípios fundamentais". O nacionalismo econômico e o isolacionismo de Beck encontraram eco na opinião pública, e muita gente acorreu aos seus comícios lotados para ouvi-lo denunciar não só esquerdistas fantasmas, mas também Wall Street e os grandes bancos. Chegou mesmo a escrever um thriller best-seller no qual todas essas forças malignas se mancomunam para suprimir a liberdade americana. Apesar do estilo bombástico, Beck foi um dos primeiros direitistas a constatar que a classe média americana estava sendo esvaziada e que as perspectivas de seus filhos foram drasticamente reduzidas. E que uma pequena classe de indivíduos altamente instruídos se beneficiava da nova economia global, enriquecendo de maneira assombrosa. E que vastas áreas do país ficaram desertas, desoladas... e furiosas. Os republicanos tradicionais nunca captaram a mensagem. Donald Trump captou.

As eleições primárias republicanas de 2016 sem dúvida ganharão na história um papel tão significativo quanto a eleição propriamente dita. Não devemos jamais esquecer que Trump derrotou os dois grandes partidos políticos dos Estados Unidos, a começar por aquele a que formalmente pertencia. Foi um espetáculo extraordinário. O Destruidor de Ídolos não veio da esquerda nem da direita. Veio de baixo. Não o constrangiam nem a devoção a Reagan, nem a lealdade à causa, nem o estudo exaustivo da Curva de Laffer, ou o respeito ao princípio da não contradição. Falava a verdade com mais frequência do que seus críticos admitiam, mas da maneira como uma criança às vezes fala — por acidente, constrangendo os adultos na sala. Perante fábricas fechadas e multidões de operários desempregados ele declarava que os mercados livres de mão de obra e os acordos comerciais estavam destruindo mais riqueza do que a que criavam para aquelas pessoas. Falava sem hesitar em treiná-los e garantir--lhes um mínimo de assistência médica. Falava como se os Estados Unidos lhes devessem isso. (Percebendo o estado de espírito da plateia, no entanto, não mencionava o que eles deviam uns aos outros.) Os outros candidatos se limitavam a olhar para o bico do próprio sapato. Donald Trump tinha tão somente uma dívida para com o movimento conservador fundado por Ronald Reagan: herdou uma base furiosa e amedrontada, que manipulou com ainda mais gosto do que os líderes do movimento costumavam fazer. Trump destruiu seus adversários republicanos sendo mais apocalíptico do que eles.

Será o começo do fim da Dispensação Reagan? Há razões para acreditar que sim. De fato, há razões para crer que já estamos num interregno. Cientistas políticos falam às vezes de presidências "disjuntivas", aquelas que marcam o fim de uma era sem inaugurar outra. Fazendo uma retrospectiva, a presidência de Jimmy Carter agora nos parece disjuntiva, encerrando a Dispensação Roosevelt e preparando o terreno para a Dispensação Reagan. Apesar de a eleição de Trump ter sido uma derrota prodigiosa para os democratas e de ameaçar tudo aquilo pelo que os liberais sempre trabalharam, ela também expôs a vacuidade do conservadorismo antipolítico. É difícil imaginá-lo voltando numa forma sequer remotamente parecida com a reaganista original. Mas isso não é motivo para presunção. É fácil imaginar que, enquanto os liberais não conseguirem recapturar o imaginário do país, uma nova classe de demagogos populistas que faça um uso seletivo do catecismo de Reagan e mesmo radicalize alguns dos seus dogmas seja capaz de agitar e explorar a indignação pública. É o que já estão fazendo.

As tribos germânicas, ao ocuparem a Roma antiga definitivamente no século V d.C., começaram a praticar o que os historiadores chamam de espoliação. Incultos no que dizia respeito aos princípios da arquitetura e ao ofício da escultura, os novos romanos passaram a arrancar colunas, pilastras e arquitraves dos velhos templos e edifícios públicos para incorporá-las sem muito critério em toscos edifícios de sua própria fabricação, a fim de dar às estruturas o que julgavam ser um ar imperial. Os resultados podiam ser bastante cômicos. Mas alguns ainda estão de pé.

2. Pseudopolítica

Esse foco em nossa própria opressão está expresso no conceito de política identitária. Achamos que a política mais profunda, e potencialmente mais radical, vem diretamente da nossa identidade, em oposição a trabalhar para pôr fim à opressão de outrem.

"Declaração do Coletivo Combahee River", 1977

FORMAS DE IDENTIDADE

Eis, portanto, uma breve história da Dispensação Reagan. Ou metade dela. A outra metade trata de como os liberais americanos responderam à nova era na qual se encontraram. Não é uma história feliz.

Era de esperar que, diante de uma nova imagem antipolítica do país, os liberais revidassem com uma visão imaginativa, otimista, do que nós, como americanos, compartilhamos, e do que juntos poderíamos conseguir. Em vez disso, eles se perderam no matagal da política identitária e desenvolveram uma retórica da diferença — ressentida, desagregadora — para competir com ela. Era de esperar que, diante da firme aquisição de poder institucional pelos americanos, eles investissem suas energias ajudando o Partido Democrata a ganhar eleições em todos os níveis de governo e em cada região do país, tentando se comunicar especialmente com os americanos da classe operária que costumavam votar nele. Em vez disso, ficaram encantados com movimentos sociais que operavam fora dessas instituições e cultivaram um desdém pelo *demos* que vivia entre a Costa Oeste e a Costa Leste. Era de esperar que, diante do dogma de individualismo econômico radical que o reaganismo tornou aceitável, os liberais usassem suas posições dentro das nossas instituições educacionais para ensinar aos jovens que eles compartilham um destino com seus compatriotas e têm obrigações para com eles. Em vez disso, treinaram os alunos para serem exploradores de caverna da própria identidade, tirando-lhes qualquer curiosidade pelo mundo que há fora de sua cabeça. Era de esperar muita coisa razoável. Mas quem assim esperasse estava errado.

Há um mistério no fundo de cada ato de suicídio. Mas é possível contar uma história explicando todas as circunstâncias, os acontecimentos e as escolhas que prepararam o palco para o grande desfecho. A história de como uma política liberal de solidariedade bem-sucedida se transformou numa pseudopolítica identitária fracassada não é uma história simples. Envolve profundas mudanças ocorridas na sociedade americana depois da Segunda Guerra Mundial, a onda de romantismo político desencadeada pela oposição à Guerra do Vietnã nos anos 1960, a retirada da Nova Esquerda para as universidades americanas e muito mais. Minha versão da história dá ênfase especial às universidades, e por uma razão. Até os anos 1960, militantes da política liberal e progressista eram recrutados basicamente na classe operária ou nas comunidades agrícolas e formados em clubes políticos locais ou em chão de fábrica. Esse mundo deixou de existir. Os militantes e líderes de hoje são formados quase exclusivamente em nossas faculdades e universidades, tal como se formam os membros das profissões predominantemente liberais — direito, jornalismo e magistério. A educação política liberal agora ocorre, quando ocorre, em campi em grande parte desligados social e geograficamente do resto do país — e em particular do tipo de gente que um dia já foi o alicerce do Partido Democrata. É pouco provável que isso mude. O que significa que as perspectivas do liberalismo vão depender, em boa parte, do que acontece em nossas instituições de ensino superior.

Mas o que exatamente queremos dizer com identidade? Hoje é lugar-comum dizer que a identidade sempre desempenhou um papel na política americana. Se com isso as pessoas se referem a racismo, xenofobia, misoginia e homofobia, estão corretas. Mas, curiosamente, o termo *identidade* — na acepção contemporânea de uma coisa íntima, um homúnculo que precisa de cuidados — só entrou no discurso político americano no fim dos anos 1960. É mais exato dizer que o problema fundamental dos Estados Unidos foi o problema da identificação política, começando nos tempos coloniais.

Os peregrinos e outros dissidentes religiosos que fugiram da Inglaterra para nossas praias não falavam em termos de identidade pessoal; naquela época, as pessoas tinham alma. O que procuravam na América, no entanto, era um lugar onde pudessem se identificar totalmente com o país ao mesmo tempo que continuavam plenamente identificados com a Igreja que tinham escolhido, fosse ela qual fosse. O consenso na Europa, sobretudo depois das guerras religiosas, era que essa dupla identificação era uma impossibilidade psicológica, dada a relação ambígua do cristianismo com a vida política. Mas acabou não sendo impossível na América, porque os princípios sobre os quais o país foi fundado davam aos cristãos motivos para se identificarem com o Estado *porque* ele lhes garantia o direito de se identificarem com suas Igrejas. Esse era o truque. E dessa maneira, em certo sentido, para se tornar americano você só precisava se identificar com uma coisa: o sistema americano de liberdade religiosa. Os laços de cidadania tinham precedência lógica porque sem eles os laços cristãos não poderiam ser protegidos.

Uma dinâmica semelhante, de dupla identificação, tem funcionado na história da imigração nos Estados Unidos. O país foi fundado sobre o pressuposto implícito da predominância cultural anglo-protestante, ameaçada pelas crescentes ondas de imigração iniciadas no século XIX. E assim como na Antiguidade houvera disputas acerca da possibilidade de um cristão ser um bom romano, agora surgia um debate sobre a lealdade dos chamados "americanos hifenizados" e seu compromisso de agir como cidadãos leais — e não, digamos, como agentes do papa ou do kaiser. Os xenófobos, num clássico caso de projeção, diziam que as lealdades étnicas sempre desbancariam as lealdades democráticas, e que por isso a imigração teria que ser limitada ou mesmo eliminada. Outros afirmavam que os recém-chegados só poderiam se tornar cidadãos se suas famílias assimilassem inteiramente os modos culturais anglo-protestantes. Ainda outros, como Theodore Roosevelt, achavam que um "novo tipo americano" precisaria ser forjado no caldeirão étnico, dentro do qual até os anglo-protestantes teriam que mergulhar. Em meados do século XX, um pouco de assimilação e um pouco de fusão tinham ocorrido. Mas também já estava claro para quase todo mundo que nem uma nem a outra teria êxito completo — e que isso, afinal, era uma coisa boa. Novos imigrantes se identificavam fortemente com o país e tinham orgulho de se tornar cidadãos *porque* o país não lhes exigia total assimilação cultural. Um conceito mais amplo de cidadania absorvia os laços étnicos em vez de excluí-los.

A experiência dos afro-americanos é um caso à parte. A identidade racial do "negro" foi inventada e imposta aos escravos por seus escravizadores, e depois usada como critério para excluir seus descendentes da cidadania política e da plena integração à sociedade civil. Uma criança negra nascia com a marca inequívoca de Caim. No entanto, essa imposição de uma "identidade" capciosa aos negros provocou uma forte identificação dentro da própria comunidade afro-americana, com base numa história comum de sofrimento e humilhação — e de resistência, poder de recuperação e êxito. Isso cria um profundo sentido emocional. Tanto assim que é difícil imaginar como poderiam as vítimas do crime racial algum dia se identificar como cidadãos do país que o cometeu e o justificou durante séculos. Os Estados Unidos ofereceram proteção a grupos religiosos e étnicos brancos; eles escravizaram os africanos.

É mais fácil entender por que ocorre um surgimento periódico de pensadores negros que advogam a separação, a volta para a África, a ida para a cosmopolita Europa, a participação na luta de povos colonizados no mundo inteiro ou a derrubada do sistema americano. E por que existe também uma literatura de escritores que depois de explorar essas alternativas acabam descobrindo que afinal de contas são americanos. Como, porém, identificar-se com o país emocionalmente, a ponto de se sacrificar por ele? De que maneira se poderia realizar essa identificação quando você já fez sacrifícios, como ocorreu com os veteranos negros que voltaram para os Estados Unidos das leis Jim Crow depois da Segunda Guerra Mundial? O movimento de direitos civis ofereceu uma maneira construtiva de servir tanto à comunidade afro-americana como ao país, em sua totalidade: obrigar os Estados Unidos a serem fiéis aos seus princípios. Não apenas assegurar direitos formais, mas garantir dignidade igual dentro da sociedade. Os líderes do movimento de direitos civis preferiram levar o conceito de cidadania universal e igualitária mais a sério do que os brancos americanos jamais o fizeram. Não para idealizar ou negar diferenças visíveis a olho nu — mas para torná-las politicamente impotentes.

Como sabemos, o movimento de direitos civis forneceu o molde para movimentos subsequentes visando garantir direitos para mulheres, homossexuais e outros grupos. Os paralelos dificilmente eram exatos, para dizer o mínimo, e ainda persistem ressentimentos entre os afro-americanos contra brancos que parecem decididos a arrastá-los para uma Olimpíada de vitimização. Existe, porém, outra diferença, mais profunda, entre esse movimento mais antigo e os mais novos. Em certo sentido, o movimento de direitos civis tinha mais em comum com as lutas de grupos religiosos e de minorias étnicas do passado, que diziam respeito a ver garantida sua igualdade e sua dignidade de cidadão. Isso também era verdade com relação à primeira e à segunda ondas feministas e ao movimento inicial de direitos dos gays. Mas durante os anos 1970 e 1980 houve uma mudança. A atenção passou a se concentrar menos na relação entre nossa identificação com os Estados Unidos como cidadãos democratas e mais na nossa identificação com diferentes grupos sociais dentro do país. A cidadania desapareceu do mapa. E as pessoas se puseram a falar em identidade pessoal nos termos do homúnculo interno, dessa pequena coisa composta de partes matizadas por raça, sexo e gênero.

O desafio lançado por John F. Kennedy, "Que posso fazer pelo meu país?" — que tinha inspirado as gerações dos anos 1960 —, tornou-se ininteligível. A única pergunta com significado ganhou uma dimensão profundamente pessoal: o que o meu país me deve em virtude da minha identidade?

DO "NÓS" PARA O "EU"

Um dos slogans românticos mais memoráveis dos anos 1980 era: "O pessoal é político". Expressava um sentimento que surge daquilo que os românticos sempre viram como a necessidade urgente de reconciliar o eu com o mundo — e que os antirromânticos veem como uma incapacidade adolescente de conviver com a diferença. Os Estados Unidos sempre foram terreno fértil para os românticos, apesar de, em seus dois primeiros séculos de existência, terem manifestado a tendência a girar em torno da poesia ou do evangelismo, fossem cristãos ou ateus do tipo emersoniano. O romantismo político, que agitara a política europeia desde a Revolução Francesa, era mais difícil de encontrar. (O que explica, sem dúvida, o fato de termos adquirido na Europa a reputação totalmente injustificada de povo pragmático.) A súbita efusão desse romantismo no começo dos anos 1960 foi inaudita.

E, estranhamente, esse romantismo teve suas raízes na mesma época e no mesmo lugar onde o reaganismo teve as suas: os novos e abastados subúrbios dos anos 1950. Convivemos com duas imagens idealizadas daquele mundo. Em uma delas, preferida pela direita, empregos com bons salários e tecnologia moderna deram aos americanos uma prosperidade e um bem-estar sem precedentes; homens saíam de casa para ir trabalhar, as mulheres se ocupavam de pequenas tarefas domésticas, e as crianças, com chapéu de caubói, brincavam de matar umas às outras. Todo mundo se divertia. A outra imagem, preferida pela esquerda, é a de um pesadelo refrigerado, no qual os homens saíam para ir trabalhar (e bebiam demais), as mulheres se ocupavam de pequenas tarefas domésticas (e exageravam nas pílulas), e as crianças, com chapéu de caubói, brincavam de matar umas às outras (transferindo o ódio aos pais para os colegas de brincadeiras). São mitos politicamente eficazes, e nada mais.

Mas a imagem mais sombria de fato capta uma verdade importante sobre a época que a outra ignora, uma verdade psicológica. Basta examinarmos os livros que os americanos liam e os filmes a que assistiam naquela época para ver o quanto os deixava ansiosos o tipo de vida que construíam para si mesmos na fronteira suburbana. Um vocabulário inteiramente novo foi desenvolvido para expressar essa ansiedade. As pessoas liam sobre estarem submersas numa *sociedade de massa*, ou viverem apenas para suas *empresas*, membros sem rosto de uma *multidão solitária* condenada a participar da *corrida pela sobrevivência*. Psicólogos realizavam estudos sobre *jovens alienados*, com receio de que estivessem se tornando *delinquentes juvenis* sem objetivo na vida. Diretores de cinema faziam filmes refletindo, e sem dúvida intensificando, as insatisfações do *burocrata conformista, o prisioneiro da Segunda Avenida,* e o *jovem rebelde sem causa.* Relatos da vida de mulheres sufocadas pelo mito da *mística feminina* custaram mais a aparecer, mas acabaram surgindo.

Foi a época da *crise de identidade,* termo cunhado no começo dos anos 1950 pelo psicólogo alemão Erik Erikson para descrever a condição que ele descobriu estar generalizada em seu próspero país adotivo. "Enquanto o paciente da psicanálise antiga sofria mais de inibições que o impediam de ser o que e quem ele já sabia que era", escreveu Erikson, "o paciente de hoje sofre mais do problema de saber em que acreditar e quem deveria — ou, na verdade, poderia — se tornar." Não chegava a ser novidade: Tocqueville tinha apresentado o mesmo diagnóstico da mente americana no começo do século XIX. Mas a reafirmação de Erikson em termos de "identidade" empolgou a imaginação pública e parecia refletir a experiência íntima das pessoas. Quanto mais os colonos da fronteira se libertavam das necessidades econômicas e sociais, mais confusos se tornavam sobre o que fazer com sua liberdade. Como deveria ser uma vida autêntica e significativa, agora que isso era possível? Essa pergunta era mais premente para jovens que só tinham conhecido um mundo de paz e prosperidade. Nem todos aqueles universitários de meia soquete e cabelo à escovinha surfavam durante as férias da Páscoa. Muitos liam os existencialistas recém-traduzidos, as histórias de Kafka, as meditações de Thomas Merton e as peças de Samuel Beckett e

Eugène Ionesco, agora disponíveis em edições baratas. Além disso, ingressavam em grupos religiosos pouco convencionais, como a Cruzada para Cristo no Campus e, mais tarde, a Renovação Carismática Católica. Enquanto os pais se ocupavam de acumular fortunas pessoais, eles se perguntavam o que significava ser uma pessoa. Foi essa geração que fez os anos 1960 acontecerem.

O romantismo político é fácil de identificar, mas difícil de definir. É mais um estado de espírito do que um conjunto de ideias, uma sensibilidade que colore o modo como as pessoas pensam sobre si mesmas e suas relações com a sociedade. Os românticos veem a sociedade como uma coisa um tanto duvidosa, um artifício imposto que aliena o indivíduo de si mesmo, estabelecendo limites arbitrários, criando clausuras e forçando-nos a vestir roupas que não foram fabricadas por nós. ("A sociedade em toda parte é uma conspiração contra a masculinidade de cada um dos seus membros", escreveu o importuno Emerson.) Ela nos faz esquecer quem somos e nos impede de explorar o que poderíamos nos tornar. O que os românticos procuram é mais difícil de definir ou enunciar. Seus nomes são muitos: autenticidade, transparência, espontaneidade, integridade, libertação. Que o mundo seja um só. E quando o mundo recusa o pedido educadamente, o romântico fica dividido entre impulsos opostos. Há o impulso de fugir para continuar sendo um indivíduo autêntico e autônomo; e há o impulso de transformar a sociedade de modo que ela aparente ser uma extensão do indivíduo. O romântico quer criar um mundo em que ele ou ela seja dono de uma identidade perfeitamente integrada e sem conflitos — um mundo no qual as respostas às perguntas "Quem sou eu?" e "O que nós somos?" sejam exatamente as mesmas.

Quando essa sensibilidade romântica assumiu forma política no começo dos anos 1960, liberais e socialistas mais velhos não conseguiram por nada neste mundo entender o que os jovens estavam aprontando. Direitos civis, Guerra do Vietnã, desarmamento, pobreza, colonialismo — eram questões políticas certamente dignas de protesto. Mas o que tudo isso tinha a ver com afrontar os pais, usar drogas, ouvir música alta, amor livre, vegetarianismo e misticismo oriental? Sim, o capitalismo era o inimigo do povo. Mas o pente era mesmo inimigo da alma? Para uma geração mais velha, a retórica da época era uma mistura terrível do pessoal com o cultural e o político. Incidentes banais — o cancelamento de um discurso, a construção de um ginásio de esportes — resultavam em efusões de indignação moral, dirigidas não contra, digamos, o Chase Manhattan Bank, mas contra a universidade. A prolixa Declaração de Port Huron publicada pela organização Students for a Democratic Society (SDS), em 1962, fez muitas observações coerentes sobre política externa e interna. Mas essas observações vinham misturadas com declarações do tipo:

> O objetivo do homem e da sociedade deveria ser a independência humana: uma preocupação não com a imagem de

popularidade, mas com a busca de um sentido na vida que seja autêntico e pessoal; uma espécie de mentalidade que não seja compulsivamente impelida por uma sensação de impotência, ou que adote sem pensar valores de status, ou reprima todas as ameaças a seus hábitos, mas que tenha acesso total e espontâneo a experiências presentes e passadas, que una sem dificuldade as partes fragmentadas da história pessoal, que enfrente problemas perturbadores e não resolvidos; que tenha consciência intuitiva de possibilidades, um senso ativo de curiosidade, uma capacidade e um desejo de aprender.

Esse tipo de independência não significa um individualismo egoísta — o objetivo não é conseguirmos fazer tudo do nosso jeito, mas termos um jeito que possamos chamar de nosso.

É um trecho inspirador sobre a busca pessoal de sentido. Mas o que isso tinha a ver com o direito ao voto no Mississippi ou as greves na U. S. Steel?

Para os jovens recrutados pela Nova Esquerda, isso tudo fazia sentido porque, como todo romântico está cansado de saber, *tudo está interligado*. Donde se concluía que não podia haver objetivos estreitamente políticos divorciados das lutas pela liberdade, pela justiça e pela autenticidade em todos os âmbitos da nossa vida: nas relações de sexo, na família, na sala do secretariado, nas escolas, na mercearia. E no mundo inteiro também. A opressão se apresentava de várias formas, portanto a resistência tinha que ser polimorfa.

Era por isso que marchar num protesto contra a Guerra do Vietnã de manhã, trabalhar numa cooperativa de alimentos de tarde, participar de uma oficina de feminismo de noite e em seguida acampar para libertar minha alma eram atividades totalmente coerentes. Tratava-se de política no sentido mais elevado e urgente. Em comparação com isso, o que significava uma eleição legislativa de meio de mandato?

A princípio, a Nova Esquerda interpretava o slogan "O pessoal é político" de uma maneira um tanto marxista, dando a entender que tudo que parece pessoal é, na verdade, político, que nenhuma esfera da vida está isenta da luta pelo poder. É isso que a tornava tão radical, entusiasmando simpatizantes e aterrorizando os demais. Mas a frase poderia ser interpretada exatamente no sentido oposto: que aquilo que para nós é ação política na verdade não passa de atividade pessoal, uma expressão do eu e de como me defino. Como diríamos hoje, é um reflexo da minha identidade. Inicialmente, a tensão entre as duas interpretações do slogan não era óbvia para as pessoas absortas nas paixões do momento. *Legalização do aborto, salários iguais e creches me afetam pessoalmente como mulher, mas também afetam todas as outras mulheres. Isso não é narcisismo, é motivação.* Mas, com o tempo, a tensão se tornou óbvia demais, arruinando as perspectivas de curto prazo da Nova Esquerda e, em última análise, também do liberalismo americano.

A Nova Esquerda foi dilacerada por todas as dinâmicas intelectuais e pessoais que afligem qualquer esquerda, com um acréscimo: a identidade. As divisões raciais logo se desenvolveram. Os negros se queixavam de que os líderes eram, na maioria, brancos — uma verdade. As feministas se queixavam de que quase todos eram homens — outra verdade. Em seguida, as mulheres negras se queixavam ao mesmo tempo do sexismo dos homens negros radicais e do racismo implícito das feministas brancas — que por sua vez eram criticadas pelas lésbicas por presumirem a naturalidade da família heterossexual. O que todos esses grupos queriam da política era mais do que justiça social e o fim da guerra, embora de fato quisessem essas duas coisas. Queriam também que não houvesse espaço entre o que sentiam dentro de si e o que faziam no mundo lá fora. Queriam se sentir em comunhão com movimentos políticos que refletissem a compreensão e a definição que faziam de si na qualidade de indivíduos. E queriam que essa autodefinição fosse reconhecida. O movimento socialista não tinha prometido nem oferecido reconhecimento: ele dividiu o mundo entre capitalistas exploradores e operários explorados, de todas as condições. Tampouco o liberalismo da Guerra Fria, que trabalhava por direitos e proteções sociais iguais para todos. E certamente nenhum reconhecimento de identidade pessoal ou de grupo viria do Partido Democrata, dominado, na época, por dixiecratas racistas e sindicalistas brancos de probidade duvidosa.

Em meados da década de 1970, a Nova Esquerda tinha desaparecido do cenário nacional, mas ainda estava ativa na organização comunitária em grandes cidades como Newark,

Chicago e Oakland (e em pequenas como Burlington, Vermont). Fora isso, o que restava eram movimentos e mais movimentos operando basicamente fora do Partido Democrata e outras instituições políticas. As consequências dessa migração para fora do partido foram grandes. As forças que atuam na política partidária saudável são centrípetas: estimulam a aglutinação de facções e interesses para planejar objetivos e estratégias compartilhados. Forçam todo mundo a pensar, ou pelo menos a falar, sobre o bem comum. Na política dos movimentos, as forças são todas centrífugas, incentivando a divisão em facções cada vez menores, obcecadas com problemas exclusivos e praticando rituais de suposta superioridade ideológica. Portanto, a herança deixada pela Nova Esquerda para o liberalismo foi dupla. Ela produziu movimentos centrados em problemas específicos que ajudaram a trazer mudanças progressistas em numerosas áreas, com destaque para meio ambiente e direitos humanos no exterior. E gerou movimentos sociais centrados na identidade — em defesa de ação afirmativa e diversidade, feminismo e libertação gay — que fizeram dos Estados Unidos um lugar mais tolerante, mais justo e mais inclusivo do que era cinquenta anos atrás.

O que a Nova Esquerda não fez foi contribuir para a unificação do Partido Democrata e para o desenvolvimento de uma visão liberal do futuro comum dos americanos. E à medida que o interesse lentamente se deslocou dos movimentos centrados em problemas específicos para os movimentos centrados em identidade, o foco do liberalismo americano também se deslocou — do que havia em comum para a diferença. E o que substituiu a ampla visão política foi uma retórica pseudopolítica e distintamente americana do indivíduo senciente e sua luta por reconhecimento. Que acabou não sendo tão diferente da retórica antipolítica de Reagan do indivíduo que produz e luta por lucro. Apenas menos sentimental e mais hipócrita.

UMA CARTILHA DE PSEUDOPOLÍTICA

Avancemos agora para 1980. Ronald Reagan foi eleito e militantes republicanos estão botando o pé na estrada para difundir o novo evangelho individualista de governo mínimo e para fazer campanha em eleições locais estaduais e legislativas em condados distantes. Também na estrada, embora deixando a rodovia interestadual por uma saída diferente, veem-se antigos ativistas da Nova Esquerda em kombis enferrujadas e coloridas. Tendo fracassado na missão de acabar com o capitalismo e o complexo industrial-militar, eles se dirigem para cidades universitárias em todo o país, onde esperam praticar um tipo de política bem diferente dentro das instituições de ensino. Ambos os grupos foram bem-sucedidos, e ambos deixaram sua marca no país.

O recuo da esquerda depois dos anos 1960 foi estratégico. Já em 1962, os autores da Declaração de Port Huron afirmavam que, devido ao poder dos dixiecratas dentro do Partido Democrata e à letargia do movimento trabalhista, "achamos que as universidades são uma sede de influência à qual não se dá a devida atenção". As universidades não eram mais reservas de aprendizagem isoladas. Haviam se tornado fundamentais para a vida econômica americana, servindo como canais e instituições de sanção para profissões pós-industriais e para a vida política, através da pesquisa e da formação de elites partidárias, terminando por substituir os sindicatos nas duas esferas. Os autores da SDS defendiam que a Nova Esquerda deveria, antes de qualquer outra coisa, tentar se formar dentro da universidade, onde seus membros tinham a liberdade de discutir entre si e buscar uma estratégia política mais ambiciosa, recrutando seguidores pelo caminho. O objetivo final, no entanto, era entrar no vasto mundo, abrindo-se "externamente para lutas menos exóticas — porém mais duradouras — por justiça".

Mas com as esperanças de uma transformação radical da vida americana murchando, as ambições encolheram. Muitos dos que voltaram ao campus investiram suas energias em transformar as sonolentas cidades universitárias em comunidades moralmente puras, socialmente progressistas e ambientalmente autossustentáveis. *Se vencermos aqui, venceremos em qualquer lugar.* Crianças foram retiradas de escolas públicas para servirem de cobaia em projetos educacionais alternativos. Intermináveis reuniões de munícipes a respeito da atitude mais radical a se adotar no quesito reciclagem terminaram em rancor. Houve uma procura por cidades-irmãs na América Latina, na África e no Oriente Médio (mas não nas comunidades rurais conservadoras mais próximas, pelas quais se passava a caminho do aeroporto). E de fato essas cidades-campus ainda se destacam do resto dos Estados Unidos e são lugares muito agradáveis para residir, apesar de terem perdido boa parte de seu apelo utópico. Na grande maioria, elas se tornaram mecas de uma nova cultura consumista para as pessoas de muita instrução, cercadas por prédios de escritórios de tecnologia e moradias cada vez mais caras. São lugares onde se pode visitar uma livraria, ver um filme estrangeiro, comprar vitaminas e velas, ter uma refeição decente seguida de um café expresso e talvez participar de uma oficina e limpar a consciência. Um ambiente burguês de cabo a rabo, sem vestígio do *demos*, com exceção dos homens e mulheres sem-teto que ali se reúnem e cuja função é dar aos moradores uma sensação de realidade.

Esse é o lado cômico da história. O outro lado — heroico ou trágico, dependendo do ponto de vista político de cada um — diz respeito a como a Nova Esquerda em retirada transformou a universidade em um teatro pseudopolítico para a encenação de óperas e melodramas. Isso provocou enorme controvérsia sobre radicais entrincheirados nas universidades, guerras culturais, politicamente correto — e com razão. Mas esses acontecimentos mascaram outro, mais silencioso e muito mais significativo. O cerne da história não é que professores conseguiram doutrinar milhões de alunos com dogmas de esquerda antissistema. Muitos com certeza tentaram, mas isso não parece ter desacelerado a fila de recém-formados que disputam vagas em cursos de pós-graduação e depois ingressam em carreiras convencionais. A verdadeira história é que a geração dos anos 1960 transmitiu aos estudantes uma concepção muito particular *do que é a política*, baseada em sua própria e idiossincrática experiência histórica.

Essa experiência lhe ensinara duas lições. A primeira era que a atividade política precisa ter algum significado autêntico para o indivíduo, que se deve evitar a todo custo ser apenas mais um dente numa grande engrenagem. Era exatamente disso que a geração dos anos 1960 estava fugindo — o mundo do *homem organizacional* que seus pais representavam. A segunda lição, baseada na frustração com a imobilidade dos partidos e instituições políticas dos Estados Unidos, era que a política de movimentos era o único modo de envolvimento capaz de realmente mudar as coisas. A lição dessas duas lições, por assim dizer, era que o primeiro passo para quem quisesse ser uma pessoa política não era ingressar num partido, mas encontrar um movimento que tivesse um significado pessoal profundo. Nos anos 1950 e no começo dos anos 1960, já havia numerosos movimentos desse tipo, preocupados com desarmamento nuclear, guerra, pobreza, meio ambiente. Envolver-se com esses problemas ainda significava, porém, ter que se envolver com o mundo exterior e adquirir algum tipo de conhecimento de economia, sociologia, psicologia, ciência e, especialmente, história.

Com o surgimento da consciência identitária, o engajamento em movimentos com preocupações específicas começou a diminuir um pouco, e arraigou-se a convicção de que os movimentos mais significativos para o indivíduo diziam respeito, como seria de esperar, ao próprio indivíduo. Como disseram canhestramente as autoras feministas do Coletivo Combahee River em seu influente manifesto de 1977, "a política mais profunda, e potencialmente mais radical, vem diretamente da nossa própria identidade, em oposição a trabalhar para pôr fim à opressão de outrem". Essa nova atitude teve profundo impacto nas universidades americanas. O marxismo, preocupado com o destino dos operários do mundo, de todos e cada um deles, aos poucos perdeu seu apelo. O estudo de grupos identitários parecia agora a tarefa acadêmico-política mais urgente, e não tardou para que houvesse uma proliferação extraordinária de departamentos, centros de pesquisa e cadeiras profissionais a ele dedicados. O que, em parte, foi uma coisa muito boa. Incentivou as disciplinas acadêmicas a ampliarem o escopo de suas investigações, para incorporar as experiências de grandes grupos até então um tanto invisíveis, como as mulheres e os afro-americanos. Mas também alimentou uma obsessiva fascinação com as margens da sociedade, de tal maneira que os estudantes acabavam formando uma imagem distorcida da história e do seu país no momento presente — uma grande desvantagem numa época em que os liberais americanos precisavam aprender mais, não menos, sobre a vasta porção central do país.

Imagine uma jovem estudante entrando nesse ambiente hoje — não a estudante comum perseguindo uma carreira, mas um tipo reconhecido no campus por seu interesse em questões políticas. Está na idade em que a busca de sentido começa e num lugar onde sua curiosidade pode ser direcionada para o mundo lá fora, no qual terá que se encaixar. Em vez disso, ela descobre que está sendo incentivada a sondar principalmente a si mesma, o que parece um exercício fácil. (Mal sabe ela...) Primeiro lhe será ensinado que compreender-se a si mesma depende de explorar os diferentes aspectos de sua identidade, coisa que ela agora descobre possuir. Uma identidade que, conforme ela também aprende, já foi em grande parte moldada por várias forças sociais e políticas. Esta é uma lição importante, que provavelmente a levará à conclusão de que o objetivo da educação não é construir progressivamente uma individualidade através do envolvimento do eu com o mundo exterior. Pelo contrário, concluirá que nós nos envolvemos com o mundo, e com a política, em particular, com o limitado objetivo de compreender e afirmar aquilo que já somos.

E assim começa. Ela comparece a aulas em que lê histórias dos movimentos relacionados com qualquer que seja a identidade que escolheu para si, e estuda autores que compartilham essa identidade. (Como se trata também de uma época de explorar a sexualidade, os estudos de gênero exercerão sobre ela uma atração particular.) Nesses cursos, descobre ainda um fato surpreendente e alentador: que, apesar de ela vir de um confortável ambiente de classe média, sua identidade lhe confere o status de uma das vítimas da história. Essa descoberta pode então inspirá-la a ingressar num grupo estudantil que promove a atuação em movimentos. A essa altura a linha divisória entre autoanálise e ação política já está totalmente difusa. Seu interesse político será genuíno, mas circunscrito aos confins da autodefinição. Questões que penetrem nesses confins adquirem vultosa importância, e seu posicionamento a respeito delas logo se torna inegociável; questões que não afetam sua própria identidade não são sequer percebidas. Tampouco as pessoas por elas afetadas.

Quanto mais nossa aluna assimila a mentalidade identitária do campus, mais desconfiada ela se torna da palavra "nós", termo que segundo seus professores é um estratagema universalista usado para ocultar diferenças de grupo e manter o domínio dos privilegiados. E, se ela se aprofundar na "teoria da identidade", começará até a pôr em dúvida a realidade dos grupos aos quais julga pertencer. As complexidades dessa pseudodisciplina são de interesse apenas acadêmico. Mas a situação em que deixou nossa estudante é do maior interesse político.

Uma geração anterior de mulheres jovens, por exemplo, poderia ter aprendido que as mulheres, quando encaradas como um grupo, têm uma perspectiva distinta que merece ser reconhecida e cultivada, e têm necessidades distintas que a sociedade precisa levar em conta. Hoje, para consternação das feministas mais antigas, se ensina às teoricamente talentosas que não se pode fazer generalizações sobre as mulheres, uma vez que suas experiências são radicalmente diferentes, dependendo de raça, preferência sexual, classe, capacidades físicas, experiências de vida e assim por diante. O mais comum é que aprendam que não há nada fixo quando se trata de identidade de gênero, que tudo é infinitamente maleável. Isso se dá porque, segundo a escola de pensamento francesa, o eu não é nada além de um vestígio deixado pela interação de forças de "poder" invisíveis, insípidas, inodoras que determinam tudo no fluxo da vida; ou porque, segundo a escola americana, o eu é aquilo que quisermos que ele seja. (Os pensadores mais avançados sustentam as duas opiniões ao mesmo tempo.) Todo um vocabulário acadêmico foi desenvolvido para expressar esses conceitos: fluidez, hibridez, interseccionalidade, performatividade, transgressividade, entre outros. Quem estiver familiarizado com as disputas escolásticas medievais sobre o mistério da Santíssima Trindade — o problema de identidade original — se sentirá em casa.

O que importa, nesses modismos acadêmicos, é que eles dão uma pátina intelectual ao individualismo radical que praticamente tudo o mais em nossa sociedade encoraja. Se nossa jovem aluna aceitar a ideia mística de que forças anônimas de poder moldam tudo na vida, será perfeitamente compreensível que se afaste da política democrática e lance sobre esta um olhar irônico. Se, como é mais provável, aceitar a americaníssima ideia de que sua identidade singular é uma coisa que ela pode construir e mudar ao sabor de sua fantasia, dificilmente se poderá esperar que tenha uma ligação política duradoura com as pessoas, e certamente não se poderá esperar que se sinta na obrigação de fazer alguma coisa por outrem.

Em vez disso, ela se sentirá nas mãos do que poderia ser chamado de modelo Facebook de identidade: o eu como uma página da internet que construo como marca pessoal, ligada a outros por associações de que posso "gostar" ou "não gostar" à vontade. Cidadania, o conceito central da política democrática, é um vínculo que liga todos os membros de uma sociedade política ao longo do tempo, independentemente de suas características individuais, conferindo-lhes tanto direitos como deveres. Em geral nós já nascemos com esse status, mas, através da atividade política democrática, podemos alterar sua definição e seu significado. No modelo Facebook do eu, os vínculos que julgo importantes e que decido fortalecer não são políticos nesse sentido democrático. São meras afinidades eletivas. Posso até me *autoidentificar* com um grupo ao qual pareço não pertencer objetivamente. Em 2015, uma mulher transtornada, na época presidente de uma seção local da NAACP [Associação Nacional para o Progresso das Pessoas de Cor] e que se dizia vítima de vários crimes de ódio contra negros, foi exposta pelos próprios pais, que revelaram que ela era branca. Seus detratores ficaram indignados e a mídia de direita explorou o episódio como mais um exemplo de esquerda apatetada. Mas se o modelo Facebook de identidade estiver correto, seus simpatizantes, e havia muitos, estavam certos ao defendê-la. Se toda identificação é legitimamente uma autoidentificação, não há por que essa mulher não pudesse alegar que era qualquer coisa que imaginasse ser. E que abandonasse essa identificação no instante em que ela se tornasse muito onerosa, ou apenas maçante. Não importa.

* * *

O modelo Facebook de identidade também inspirou um modelo Facebook de envolvimento político. Durante a Dispensação Roosevelt, a identidade de grupo veio a ser reconhecida não apenas como uma maneira legítima de mobilizar pessoas para a ação política na qualidade de cidadãos, mas também como uma ferramenta necessária para que nosso sistema político cumprisse sua promessa de filiação igualitária. Mas o modelo Facebook é inteiramente centrado no eu, no *meu* próprio eu, não nas histórias comuns ou no bem comum, que dirá no nosso ideário. Jovens de esquerda — em contraste com os de direita — hoje têm menos probabilidade de vincular seus engajamentos a um conjunto de ideias políticas. É muito mais provável que se declarem *Xs que se engajam* na política, *Xs que se preocupam* com a situação dos outros *Xs* e com as questões que afetam a *X-idade*. Podem ter alguma simpatia por — e reconhecer a necessidade estratégica de — formar alianças com Ys e Zs. Mas uma vez que a identidade de cada um é fluida e tem múltiplas dimensões, todas elas merecedoras de reconhecimento, as alianças nunca serão mais do que simples casamentos de conveniência.

Quanto mais obcecados com identidade pessoal os liberais de campus se tornam, menos inclinados ficam a se envolver no debate político racional. Na última década, uma locução nova e muito reveladora migrou das nossas univer-

sidades para a mídia convencional: "Falando como X"...
Não se trata de uma frase inofensiva. Ela diz ao ouvinte que
estou falando de uma posição privilegiada neste assunto.
(Nunca acontece de alguém dizer: "Falando como asiático
gay, me sinto *incompetente* para julgar este assunto".) Ela er-
gue uma barreira contra perguntas, que, por definição, vêm
da perspectiva de um não X. E o encontro se converte numa
relação de poder: o vitorioso na discussão será aquele que
invocar a identidade moralmente superior e expressar mais
indignação com as perguntas que lhe forem feitas. Dessa
maneira, as conversas de sala de aula, que um dia talvez co-
meçassem com a declaração "Eu penso A, e este é o meu
argumento", agora assumem a forma de "Falando como X,
estou ofendido por você afirmar B". Isso faz todo sentido
quando se acredita que a identidade determina tudo. Significa que não existe espaço imparcial para o diálogo. Homens
brancos têm uma "epistemologia", mulheres negras têm outra. Se é assim, o que resta dizer?

O que substitui o argumento, então, é o tabu. Às vezes nossos campi mais privilegiados parecem até presos
ao mundo da religião arcaica. Só aqueles com estados de
identidade aprovados têm, como xamãs, permissão para
falar sobre certos assuntos. Grupos específicos — hoje, os
transgêneros — recebem um significado totêmico tempo-
rário. Bodes expiatórios — hoje, os políticos conservadores
— são devidamente identificados e afugentados do campus
num ritual de expurgo. Hipóteses se revelam puras ou impuras, e não verdadeiras ou falsas. E não só hipóteses, mas
meras palavras. Identitários de esquerda, que se veem como

criaturas radicais, contestando isso e transgredindo aquilo, se transformam em severas professoras protestantes quando se trata da língua inglesa, analisando gramaticalmente toda conversa à procura de expressões indecorosas e açoitando os dedos daqueles que as usam inadvertidamente.

Que estranho e deprimente desdobramento para os docentes que fizeram a faculdade nos anos 1960 e haviam se rebelado contra a palmatória e bagunçado o cabelo da professora! As coisas parecem ter voltado a ser o que eram: agora os alunos são os agentes antidrogas. Não era bem essa intenção quando a Nova Esquerda, recém-saída de batalhas políticas reais no grande mundo *lá fora*, voltou para o campus universitário na esperança de incentivar os jovens a seguirem seus passos. Eles imaginavam debates acalorados, sem regras ou limites, sobre grandes ideias, não uma sala cheia de estudantes se entreolhando desconfiados. Viam-se no papel de provocadores, forçando os alunos a defenderem suas opiniões, e não recebendo e-mails de chefes de departamento convidando para bater um papo. Fantasiavam lançar ao mundo alunos politicamente comprometidos e bem informados, e não vê-los se fecharem dentro de si. O que foi que aconteceu?

MAIS UMA PALAVRINHA DE KARL MARX

Um marxista sério — ainda há alguns por aí — não se surpreenderia. O marxismo como ideologia tinha muitos defeitos, mas pelo menos uma grande virtude: forçava os adeptos a olharem para fora de suas posições particulares e se envolverem intelectualmente com as forças profundas que influenciam a história — forças como classe, guerra, religião e ciência. (Tinha dificuldades com raça, tendendo a reduzi-la a uma questão de classe.) Os marxistas mantinham os olhos presos ao horizonte; em geral, viam as coisas de cabeça para baixo, ou enxergavam quimeras, mas pelo menos estavam olhando para fora. Com o surgimento da consciência identitária liberal, todos os olhos se voltaram para dentro. Muitos progressistas se queixam com razão de que a retórica da identidade expulsou a análise de classes e de como as classes mudaram com nossa nova economia. Não faz muito tempo que a política liberal visava inspirar indivíduos a protagonizarem uma reconstrução da sociedade. O foco hoje está na construção social passiva de indivíduos.

Uma análise marxista dessa transformação seria mais ou menos assim: a eleição de Ronald Reagan iniciou uma nova etapa na história do capitalismo avançado. A política do período pós-Segunda Guerra Mundial foi moldada por esforços liberais e progressistas para atenuar os efeitos mais terríveis do capitalismo, construindo o estado de bem-estar social, fortalecendo a regulamentação, criando proteção para trabalhadores e lutando pelos plenos direitos dos afro--americanos. Por mais valorosos que fossem esses esforços, não chegaram à causa primordial do problema, que era o próprio capitalismo. Essas iniciativas de reforma na verdade se *associaram* ao capitalismo, e não aos esforços para destruí-lo. E dessa maneira, quando a crise do petróleo de meados dos anos 1970 ameaçou o crescimento econômico que os Estados Unidos do pós-guerra passaram a esperar, o país se voltou, não contra corporações ou bancos, mas contra o liberalismo. Isso ocorreu graças quase exclusivamente a uma perversa ideologia de direita que convenceu o povo de que a cura de todos os males do capitalismo era... mais capitalismo. Menos solidariedade, mais individualismo. Menos caridade, mais ganância. Menos política, mais família e indivíduo.

Dificilmente será uma coincidência — prosseguiria o marxista — que um culto da identidade pessoal tenha também se desenvolvido em nossas universidades na era Reagan e se tornado a ideologia que rege a elite de poder liberal no Partido Democrata, na mídia e nas profissões ligadas à educação e ao direito. Embora muitos alunos estudassem administração e economia para ganhar dinheiro para si próprios, outros assistiam a aulas para aprender o quanto seu próprio eu era especial. Alguns assistiam aos dois tipos de aula, satisfazendo tanto a bolsa quanto a consciência. As forças intelectuais e materiais da época trabalhavam juntas para mantê-los absorvidos em si próprios, e convencê-los de que o narcisismo, como atitude, era ao mesmo tempo bom negócio e boa política. Identidade não é o futuro da esquerda. Não é uma força hostil ao neoliberalismo. Identidade é reaganismo para esquerdistas.

3. Política

Fazer política é ter paciência e firmeza para perfurar tábuas duras.

Max Weber

O primeiro esforço, portanto, deve ser declarar uma visão.
"Declaração de Port Huron", 1962

RESET

E assim termina nossa história da antipolítica e da pseudopolítica na longa era Reagan. Ora, e o que os liberais podem aprender com isso?

A lição mais importante é esta: por duas gerações os Estados Unidos não tiveram uma visão *política* do seu destino. Não há uma visão conservadora; não há uma visão liberal. Há apenas duas ideologias individualistas esgotadas e intrinsecamente incapazes de enxergar o bem comum e unir o país para garanti-lo nas atuais circunstâncias. Somos governados por partidos que, num sentido amplo, já não sabem o que querem, e num sentido restrito, só sabem o que não querem. Os republicanos não querem os programas e as reformas legados pelo New Deal, pela Nova Fronteira e pela Grande Sociedade; os democratas não querem que os republicanos os cortem. Mas quais são os objetivos finais dos partidos, independentemente do tamanho e do formato do governo? O que buscam eles, em essência? Que tipo de imagem do futuro governa suas ações? Eles parecem não saber mais. Portanto, não se pode esperar que o público saiba. Estamos a viver numa América pós-visão.

É difícil falar sobre visão política sem parecer um pouco ridículo. Não é algo que se possa comprar numa loja. Não se pode cultivá-la, garimpá-la ou caçá-la. Não há laboratórios para descobri-la, não há candidatos na fila para serem entrevistados para o cargo. A visão política surge por conta própria, do oportuno encontro de uma nova realidade social com ideias que capturem essa realidade e com líderes capazes de vincular ideia e realidade na mente coletiva, de modo que as pessoas sintam a conexão. (Compreendê-la é menos importante.) O advento de líderes abençoados com esse talento, como Roosevelt, JFK e Reagan, é tão impossível de prever como a volta do Messias. Tudo que se pode fazer é estar preparado.

A maneira como reagiremos à presidência de Donald

Trump será o nosso primeiro teste de prontidão. Seu governo ainda não abandonou as fraldas e já está assolado por escândalos. Mas o verdadeiro escândalo é ele ser presidente. Sim, alguns votos a mais em estados decisivos poderiam ter mudado o resultado no colégio eleitoral. Mas uma vitória democrata não teria ocultado o fato de que ele foi uma força vinda de baixo para preencher um vácuo e derrotar os dois partidos. Ficou patente que havia um anseio inexplorado de ouvir alguém tratar dos novos desafios dos Estados Unidos empregando outro tom, alguém disposto a defender mudanças e dizer, sem deixar nenhuma margem para ambiguidades, que os Estados Unidos podem ser um grande país. Trump ofereceu um rosnado autoritário e uma série de "pontos de vista" espontâneos e em constante transformação, não uma visão política. Mas suas habilidades de demagogo foram suficientes para levar milhões a aplaudirem seus ataques racistas, sua misoginia, suas mal disfarçadas ameaças de violência, seu desprezo pela imprensa e seu desdém pela lei.

Já podemos sentir os efeitos: a cada dia que passa nossa vida pública fica mais medonha. Por isso é animador ver a rapidez com que os liberais se organizaram para resistir a Trump. Mas a resistência é, pela própria natureza, reativa; não é vanguardista. E ser anti-Trump não é uma política. Meu medo é que os liberais fiquem tão entretidos em contestar cada movimento dele, ou seja, jogando o seu jogo, que acabem perdendo — ou sequer reconhecendo — a oportunidade que ele lhes ofereceu. Agora que ele destruiu o republicanismo convencional e o que restava de conservadorismo honrado, o campo está livre. Pela primeira vez em nossa história recente, nós, liberais, não temos adversário ideológico digno do nome. Por isso é importantíssimo olharmos para além de Trump.

O único adversário que resta somos nós mesmos. E nós aprendemos à perfeição a arte da autossabotagem. Numa época em que liberais precisam falar de um modo que convença pessoas das mais diferentes classes, em todas as partes do país, de que elas partilham um destino comum e precisam se unir, nossa retórica estimula o narcisismo presunçoso. Num momento em que a consciência e a elaboração de estratégias políticas precisam ser desenvolvidas, gastamos nossas energias em dramas simbólicos sobre identidade. Numa época em que é importantíssimo direcionar nossos esforços para adquirir poder institucional ganhando eleições, nós os dissipamos em movimentos expressivos mas indiferentes aos efeitos que possam ter no público votante. Numa época em que precisamos instruir os jovens a pensarem em si como cidadãos com deveres para com os outros, nós os incentivamos a mergulhar no poço sem fundo do ego. A verdade frustrante é que não temos visão política para oferecer ao país, e estamos pensando, falando e agindo de um jeito que seguramente impedirá que apareça alguma.

Na esteira do colapso da União Soviética e de quaisquer esperanças que ainda se investiam no comunismo, um grupo de esquerdistas italianos, de mentalidade reformista, lançou uma vigorosa revista política intitulada *Reset*. (Que mais recentemente se metamorfoseou num vigoroso site.) O título muito bem escolhido refletia a convicção dos editores de que certa ideia da esquerda, certa tradição de pensamento e ação, tinha sido derrotada de maneira inequívoca. Por isso, era hora de repensar crenças fundamentais, questionar velhos dogmas, abandonar maus hábitos e destruir tabus.

Com a eleição de Donald Trump, o liberalismo americano atingiu seu momento de *resetar*. É hora de voltarmos a nos familiarizar com as demandas, as possibilidades e as limitações da política democrática em nosso sistema. Como uma pequena contribuição para esse esforço, concluo com algumas lições que podem ser tiradas da história e da análise que propus.

As três primeiras têm a ver com prioridades: a prioridade da política institucional sobre a política de movimentos; a prioridade da persuasão democrática sobre a autoexpressão sem propósito; e a prioridade da cidadania sobre a identidade grupal ou pessoal. A quarta está relacionada à necessidade urgente de educação cívica num país cada vez mais individualista e atomizado. Outros podem tirar lições diferentes da minha história, ou acrescentar as suas, ou pôr em dúvida a história em si. Tudo bem. O importante é começarmos a concentrar nossa atenção nas barreiras que erguemos entre nós e o público americano, e entre nós e o futuro. E em primeiro lugar precisamos começar a questionar os tabus — sobretudo os tabus em torno de identidade — que impediram que essas barreiras fossem examinadas.

Nosso objetivo comum deve ser nos colocarmos numa posição que permita desenvolver uma visão inspiradora, otimista, do que são os Estados Unidos e do que eles podem se tornar através da ação política liberal.

O MANIFESTANTE E O PREFEITO

Durante a Dispensação Roosevelt, os dois grandes temas do liberalismo americano eram a justiça e a solidariedade. E os liberais entenderam o que deveria ser óbvio ainda hoje, ou seja, que garantir essas coisas depende em última análise de conquistar e manter o poder em instituições democráticas estabelecidas — cargos executivos, legislativos, tribunais e burocracias. Seguia-se, como corolário, que em nosso sistema federalizado ganhar eleições em todo o país era a primeira ordem no negócio da política.

Liberais identitários, no entanto, jamais assimilaram essa lição. Continuam sob o feitiço da política de movimentos. A função de movimentos sociais na história americana, embora importante, tem sido seriamente inflada por ativistas e historiadores de inclinações esquerdistas, por uma razão compreensível, é preciso que se diga: entre os anos 1950 e 1980, o país foi de fato transformado por esforços organizados para assegurar os direitos de afro-americanos, mulheres e gays. Há, porém, uma tendência natural em qualquer um que passe por essas transformações a começar interpretando o passado à luz delas, e então a projetar no futuro uma tendência imaginária. O resultado é o que se costuma

chamar de uma "interpretação whig" da história. Muitos —
quando não a maioria — dos alunos do primeiro ano que
vejo em minhas aulas na faculdade aprenderam a história
americana dessa maneira, ou assim a assimilaram em filmes
e documentários para a televisão. A coluna vertebral, por assim dizer, do seu conhecimento básico da história americana é uma narrativa que progride sem percalços da abolição
para os movimentos pelo sufrágio feminino no século XIX,
depois passa para os movimentos trabalhistas do começo
do século XX e termina com os movimentos mais recentes
que mencionei. Parece que eles ficam com a forte impressão
de que um processo histórico vem se desenrolando e está
fadado a continuar no futuro.

O problema dessa narrativa é que ela dá uma falsa impressão sobre qual é e sempre foi o centro das atenções da
política democrática americana: o governo. Os arquitetos
da nossa Constituição arranjaram as coisas de tal maneira
que a ação política teria que ser filtrada pelas instituições
que exigem consultas e concessões e dependeria de um sistema de frequentes eleições, freios e contrapesos, autonomia do serviço público, controle civil dos militares, elaboração de leis e regulamentos, e a sua aplicação imparcial. E
tudo teria que ser feito nos três níveis de governo. Isso significava que o êxito político exigiria muito trabalho aborrecido e gradual, o que, para os arquitetos, era ponto po-
sitivo. O que eles queriam era poupar aos Estados Unidos
o destino da Europa, assolada, na visão deles, por séculos

85

de arbitrariedades tirânicas, intrigas palacianas, golpes de Estado, guerras religiosas e facciosismo republicano. Uma benesse para a poesia, mas um sufoco para o espírito humano. Muito melhor seria, achavam eles, canalizar a energia política para as instituições, tornando-as, ao mesmo tempo, tão transparentes e participativas quanto possível.

Românticos se irritavam com essa concepção não dramática da política. Preferiam pensar nela como um confronto de soma zero — o Povo contra o Poder, ou a Civilização contra a Turba. E não é difícil entender por quê. O que poderia ser mais comovente do que a história vista como uma série de revoluções, contrarrevoluções, restaurações, manifestos, marchas coletivas, dissidentes, repressão policial, greves gerais, prisões, fugas de prisioneiros, bombardeios anarquistas e assassinatos? E o que poderia ser mais monótono do que a história de partidos, administração pública e tratados? Havia um forte veio antiliberal no pensamento político europeu estendendo-se da Revolução Francesa até bem recentemente, na esquerda e na direita, o qual era inspirado tanto por desdém estético pela chatice democrática como por convicção moral.

O socialismo marxista, ao chegar aos Estados Unidos depois das Revoluções de 1848, trouxe na bagagem essa desconfiança europeia dos procedimentos liberais-democráticos. Com o tempo, a suspeita se dissipou e organizações socialistas começaram a participar da política eleitoral. Mas continuavam se achando mais a vanguarda de um movimento do que vozes num coro democrático. E suas táticas políticas preferidas continuavam a ser as manifestações de massa e as greves — e não, digamos, ganhar eleições para administrador de condado. A importância desses grupos na política americana teve seu auge durante a Grande Depressão, depois desapareceu. Mas o ideal de seu movimento nunca perdeu o fascínio aos olhos da esquerda, e nos anos 1960 capturou a imaginação dos liberais também. Já tinha havido movimentos emancipatórios, contra a escravidão, a favor dos direitos da mulher, da proteção dos trabalhadores. Eles não contestavam a legitimidade do sistema americano; queriam simplesmente que ele fizesse jus a seus princípios e respeitasse seus procedimentos. E trabalhavam com partidos e por intermédio das instituições para alcançar seus objetivos. Mas, quando os anos 1970 transbordaram para os anos 1980, a política de movimentos começou a ser vista por muitos liberais mais como alternativa do que como suplemento da política institucional, e, por alguns, como mais legítima. Foi quando o que agora chamamos de guerreiro da justiça social nasceu, um tipo social com características quixotescas, cuja autoimagem não pode ser maculada por concessões e está sempre acima do tráfico de meros interesses.

Mas uma das leis férreas das democracias é que qualquer coisa obtida por meio da política de movimentos pode ser desfeita por meio da política institucional. O inverso não é verdade. Os movimentos que remodelaram o país nos últimos cinquenta anos fizeram um grande bem, especialmente mudando, como costumamos dizer, corações e mentes. Talvez essa seja a coisa mais importante que qualquer movimento pode fazer, como acreditavam Gandhi e Martin Luther King Jr. Mas a longo prazo os movimentos são incapazes de conquistar objetivos políticos concretos por conta própria. Precisam de políticos do sistema e funcionários públicos simpáticos aos objetivos do movimento que estejam dispostos a realizar o lento e paciente trabalho de disputar cargos, redigir leis, barganhar para que sejam aprovadas e, em seguida, supervisionar as burocracias para ter certeza de que sejam aplicadas. Martin Luther King Jr. foi o maior líder de movimento da história americana. Mas, como certa vez ressaltou Hillary Clinton, e com acerto, seus esforços teriam sido inúteis sem os do político de panelinha Lyndon Johnson, experiente negociador do Congresso disposto a assinar qualquer pacto com o Diabo para aprovar a Lei dos Direitos Civis e a Lei dos Direitos de Voto.

E o trabalho não para quando a lei é aprovada. É preciso continuar vencendo eleições para defender as conquistas para as quais os movimentos políticos contribuíram. Se o firme e constante avanço de um Partido Republicano radicalizado, ao longo dos anos e em cada ramo e em todos os níveis de governo, tem algo a ensinar aos liberais é a absoluta prioridade de vencer eleições hoje. Devido ao intenso ímpeto de destruição republicano, essa é a única forma de garantir que proteções recém-conquistadas para afro-americanos, outras minorias, mulheres e gays sejam preservadas. Oficinas e seminários universitários não bastam. Mobilização pela internet e súbitas manifestações de rua não bastam. Não basta protestar, transgredir, extravasar. A era da política de movimentos acabou, pelo menos por ora. Não precisamos de mais manifestantes. Precisamos de mais prefeitos. E governadores, legisladores estaduais, membros do Congresso...

DEMOS, COMO EM DEMOCRACIA, COMO EM DEMOCRATA

Chamei a história do liberalismo identitário de a história de uma abdicação. E a retratei como uma virada para o eu. Mas foi também uma fuga do contato com boa parte do país e com muitas pessoas cujas opiniões não são exatamente a nossa em todas as questões. Mas com isso não pretendo sugerir que há uma "maioria silenciosa" ou uma "América real" oculta e homogênea, cujas opiniões sejam mais importantes ou virtuosas do que as dos outros, e diante das quais devamos nos ajoelhar. Esse foi o mito fundador da nova direita americana, a começar com Barry Goldwater, e as eleições de 2016 acabaram de sepultar o que ainda restava dele. O que eu quero dizer é que, ao concentrarem a atenção em si mesmos e nos grupos de que pensavam fazer parte, os liberais identitários intensificaram seu desdém pela política democrática corriqueira, porque ela implicava se envolver com pessoas diferentes deles — e persuadi-las. Em vez disso, começaram a fazer sermões do alto de um púlpito para a massa inculta.

Esse distanciamento do *demos* foi até institucionalizado. Depois da convenção de 1968, as regras do Partido Democrata foram significativamente reformuladas, a pretexto de abrir o partido para grupos e interesses que tinham sido ignorados pelos sindicatos e chefes políticos locais. A maioria dos historiadores concorda que a consequência involuntária foi marginalizar os sindicatos operários e os funcionários públicos que haviam sido os pilares da estrutura partidária, substituindo-os por militantes instruídos ligados a determinadas questões ou a campanhas presidenciais particulares. Isso privou o partido de pessoas capacitadas tanto para falar com as elites liberais instruídas e a base eleitoral dos democratas quanto para ouvi-las, de pessoas que estavam sempre conferindo a temperatura e a pressão barométrica da opinião pública para manter as elites informadas sobre o clima político lá fora e sugerir quando abrir o guarda-chuva.

A desconfiança acerca do processo legislativo e a confiança cada vez maior nos tribunais para alcançar objetivos também distanciaram as elites democráticas liberais de uma base mais ampla. Para aprovar uma lei é preciso convencer pessoas bem diferentes entre si de que ela faz sentido, o que talvez exija concessões mas também garante que não haverá uma reação em massa à nova legislação, o que deixaria o interessado numa posição pior do que antes. A legislação pode ser ajustada, e as negociações a respeito dela quase sempre visam equilibrar muitos benefícios relativos. Na política democrática corriqueira, grupos representam interesses que podem ser defendidos, mas também contrabalançados quando necessário, para que se chegue a um acordo. Ao passo que, para entrar com uma ação no tribunal, basta que você apresente seu caso como uma questão de direito absoluto, e as únicas pessoas que terá de convencer serão os juízes.

Essa tática foi essencial nos primeiros anos do movimento de direitos civis, mas desastrosa para a reputação do liberalismo perante a opinião pública desde então. Criou entre os liberais o hábito de tratar cada problema como uma questão de direito inviolável, sem espaço para negociação, colocando os adversários na inevitável condição de monstros de imoralidade, e não apenas de concidadãos com opiniões diferentes. A tática também livrava os liberais do trabalho paciente de descobrir qual a posição das pessoas, tentar convencê-las, e formar um consenso social, que é o alicerce mais seguro de qualquer política social. A abordagem legalista dos liberais criou uma grande brecha para os republicanos alegarem ser os verdadeiros representantes do *demos*, enquanto os democratas representavam uma casta de sumos sacerdotes. E essa é a imagem que persiste na opinião pública.

Os americanos são uma estirpe estranha. Adoramos pregar e odiamos levar sermão. Em um hemisfério do nosso cérebro, as homilias de Cotton Mather repercutem sem cessar; no outro, ouvimos o eco das risadas de Mark Twain. Quando o lado Twain cochila, o lado Mather vive um Grande Despertar. Ondas de fanatismo febril nos invadem, perdemos todo senso de proporção, e tudo nos parece de uma urgência moral intolerável. *Arrependa-se, América, arrependa-se agora!* Neste exato momento o país passa por um despertar desse tipo, no tocante a raça e a gênero, razão pela qual a retórica resultante soa mais evangélica do que política. O fato de ouvirmos em toda parte o adjetivo *woke* [desperto] revela que a demanda é por conversão ritual e não por concordância política. Um implacável policiamento da fala, a proteção de ouvidos virgens, a ampliação de pecados veniais em pecados mortais, o banimento de pregadores de ideias impuras — todas essas maluquices identitárias próprias do campus têm seus precedentes na religião revivalista americana. Twain talvez achasse tudo isso muito engraçado, mas cada pesquisa de opinião mostra que a grande maioria dos americanos não acha.

Os liberais têm eleições por disputar e eleitores centristas da classe trabalhadora por reconquistar. Este é o trabalho prioritário. E nada afasta mais os eleitores do que ser intimidado dessa maneira. Por isso aqui vão alguns lembretes para os adeptos da identidade:

Eleições não são reuniões de grupos de oração, e ninguém está interessado no seu depoimento pessoal. Não são sessões de terapia ou ocasiões para obter reconhecimento. Não são seminários ou "oportunidades de aprendizagem". Não servem para denunciar degenerados e expulsá-los da cidade. Se o que você quer é salvar a alma dos Estados Unidos, cogite virar pastor. Se o que você quer é obrigar as pessoas a confessarem seus pecados e convertê-las, vista uma túnica branca e rume para o rio Jordão. Se está disposto a trazer o dia do Juízo Final para os Estados Unidos da América, torne-se um deus. Mas se o que quer é recuperar o país que está nas mãos da direita e promover mudanças duradouras em favor de pessoas que lhe são caras, trate de descer do púlpito.*

E quando tiver descido, aprenda a ouvir e a imaginar. Você precisa visitar, ainda que seja com o olho da imaginação, lugares onde não existe wi-fi, o café é fraco e o jantar não renderá um post no Instagram. E onde estará comendo com pessoas que em sua oração darão graças genuínas por aquele jantar. Não as olhe de cima para baixo. Como bom liberal, você aprendeu a não fazer isso com camponeses de terras longínquas; use a lição com pentecostais sulistas e pessoas armadas dos estados das Montanhas Rochosas. Assim como não pensaria em rejeitar crenças de outra cultura como mera ignorância, não atribua automaticamente o que escuta à máquina da mídia de direita (por mais desprezível e corrupta que ela seja). Tente ouvir o que

---

* As crianças não reagem bem à repreensão, e as nações tampouco. Isso só faz irritá-las. Elas apenas se aprimoram quando ouvem elogios, e *porque já são boas* é que podem melhorar. É sensato da nossa parte admitir — na verdade, celebrar o fato — que em algumas questões que nos importam as coisas melhoraram graças aos nossos esforços: a formação de uma classe média negra instruída, mais e melhores oportunidades de trabalho para as mulheres, aceitação social da homossexualidade, e assim por diante. Devemos usar o progresso já alcançado como incentivo para continuar a obra, em vez de fingir que as coisas nunca foram tão ruins e que os Estados Unidos nunca foram tão depravados moralmente.

há por trás das falsas afirmações e aproveitá-lo para estabelecer uma conexão.*

A política democrática é persuasão, não autoexpressão. *Veja só, sou homossexual* jamais provocará algo além de um tapinha na cabeça ou um revirar de olhos. Aceite que você jamais concordará com as pessoas em tudo — é o que se espera, aliás, numa democracia. Um dos efeitos de se engajar num movimento social ligado à identidade é que você estará cercado de pessoas que pensam igual, têm a mesma aparência e o mesmo nível de instrução. Não imponha testes de pureza àqueles que quer convencer. Nem tudo é uma questão de princípios — e mesmo quando é, em geral há outros princípios igualmente importantes que talvez tenham de ser sacrificados para preservar um princípio em particular. Valores morais não são peças de um quebra-cabeça em que tudo foi previamente cortado para encaixar.

---

* Fazer política eleitoral é um pouco como pescar. Ao pescar, você acorda cedo e vai para onde estão os peixes — não para onde gostaria que estivessem. Joga a isca (leia-se: uma coisa que eles queiram comer, não "opções saudáveis") na água. Quando os peixes percebem que estão fisgados, talvez ofereçam resistência. Não ligue: afrouxe a linha. Eles vão acabar se acalmando, e então você poderá recolhê--los devagarinho, com cuidado para não os provocar desnecessariamente. Já a abordagem dos liberais identitários consiste em permanecer em terra, gritando para os peixes sobre os equívocos históricos que o mar lhes infligiu e sobre a necessidade de a vida aquática renunciar a seu privilégio. Tudo isso na esperança de que os peixes confessem coletivamente seus pecados e nadem até a praia para serem apanhados com rede. Se esta é a sua atitude em relação à pesca, melhor virar vegano.

* * *

Um exemplo. Sou absolutista em relação ao aborto. É a questão social a que dou mais importância, e acredito que o aborto deva ser seguro e legalizado, praticamente sem qualquer precondição em cada centímetro quadrado do solo americano. Mas nem todos os meus concidadãos concordam (embora em certos casos a imensa maioria o faça). Qual deve ser, portanto, minha estratégia? Conduzir eleitores pró-vida para fora do jardim, direto para os braços expectantes da direita radical? Ou devo buscar uma forma cortês de concordar em discordar e fazer algumas concessões para manter os eleitores liberais em meu partido, votando comigo em outras questões?

O Partido Democrata realizou esse experimento em si mesmo pela primeira vez na convenção nacional de 1992. Foi o ano em que Robert P. Casey, o governador católico da Pensilvânia, que trabalhara incansavelmente para ampliar os serviços sociais em seu estado e era ferrenho apoiador dos sindicatos, pediu para falar na convenção e acrescentar uma tábua pró-vida à plataforma do partido, mesmo sabendo que seria derrotado. O pedido foi negado. Isso foi interpretado como um forte recado aos eleitores operários católicos e evangélicos, de que se não acatassem as regras nessa questão não seriam mais bem-vindos no partido. Nos preparativos para a Marcha das Mulheres em Washington, em janeiro de 2017, aconteceu a mesma coisa com grupos feministas religiosos que desejavam expressar sua repulsa a Donald Trump mas se opunham ao aborto. Foram desconvidados. E mais uma ponte foi queimada.

CIDADÃOS, UNIDOS

O liberalismo identitário baniu a palavra *nós* para os confins mais distantes do discurso político respeitável. Contudo, sem ela não existe futuro de longo prazo para o liberalismo. Historicamente, os liberais apelaram ao *nós* para assegurar direitos iguais, querem que *nós* tenhamos um sentimento de solidariedade para com os desafortunados e os ajudemos. *Nós* é onde tudo começa. Barack Obama entendeu isso, razão pela qual dizia com tanta frequência: *Sim, nós podemos*, e *Não é assim que somos*. (Muito embora, como uma de suas características, ele nunca tenha dito exatamente quem somos ou poderíamos ser.) Mas, ao abandonar a palavra, os liberais identitários caíram numa contradição estratégica. Quando falam de si mesmos, querem afirmar sua diferença e reagem com petulância a qualquer indício de que sua experiência ou suas necessidades particulares estejam sendo apagadas. Mas quando cobram ação política para ajudar seu grupo X, exigem-na de pessoas que eles próprios definiram como não X e cuja experiência, dizem, não se compara às suas.

Mas, se é assim, por que esses outros responderiam ao apelo? Por que os não X haveriam de dar a mínima importância aos X se não acreditassem que têm com eles alguma coisa em comum? Por que deveríamos esperar que sentissem alguma coisa?

* * *

A única solução desse dilema é apelar para alguma coisa que nós, como americanos, compartilhamos mas que nada tem a ver com nossas identidades, sem negar a existência ou a importância delas. E de fato há uma coisa, desde que os liberais voltem a falar a respeito: cidadania.* Deve-se admitir que a palavra cidadão tem um ar bolorento e suscita imagens, para pessoas de certa idade, de professores batendo no quadro-negro com um bastão durante aulas de educação cívica. Mas ela tem um grande potencial democrático — e democrata —, especialmente hoje. Isso porque cidadania é, nada mais, nada menos, um *status político*. Dizer que somos todos cidadãos não é dizer que somos todos iguais em todos os sentidos. É um fato social que muitos americanos hoje pensam em si mesmos em termos de grupos identitários, mas não há razão para que não possam simultaneamente pensar em si mesmos como cidadãos políticos, iguais a todo mundo. As duas ideias podem ser — e de fato são — verdadeiras. O fundamental nessa conjuntura da nossa história é nos concentrarmos nesse status político compartilhado, e não em nossas diferenças evidentes. A cidadania é uma arma crucial na batalha contra o dogma reaganista, porque expressa o fato de que somos parte de um empreendimento comum legítimo que *Nós, o povo*, trabalhamos para produzir. Que não somos partículas elementares.

---

* Repetindo: nada que digo aqui sobre cidadania tem a ver com quem deveria recebê-la ou com a maneira como os não cidadãos devem ser tratados. Só me interessa aqui o que é cidadania.

Outra razão para pensar e falar em termos de cidadania política é que o status é extensível e seu sentido, ampliável. A direita americana usa o termo *cidadania* hoje como ferramenta de exclusão, mas os liberais o veem tradicionalmente como generosa ferramenta de inclusão. O conceito moderno de cidadania significava, em sua origem, que a pessoa não era escrava nem súdita, vivendo sob a autoridade de um monarca ou papa. Era uma designação formal e estava restrita a uma pequena classe. No século XIX, na Europa e nos Estados Unidos, a questão passou a ser quem merecia ser cidadão e, com o tempo, a concessão foi estendida a todos aqueles que não tinham propriedade, às mulheres, a ex--escravos, e assim por diante. No século XX, a questão girava em torno do que era materialmente necessário para desfrutar os benefícios da cidadania em pé de igualdade, o que deu ensejo à apresentação de argumentos em favor do Estado de bem-estar social. Todos os argumentos liberais para melhorar esse estado ainda podem ser formulados em termos de direitos de cidadania.

E o conceito de cidadania tem uma vantagem adicional. Oferece uma linguagem política para falar sobre uma solidariedade que transcende os vínculos identitários. A cidadania democrática implica direitos e deveres recíprocos. Temos obrigações porque temos direitos; usufruímos de direitos porque cumprimos obrigações. Mas, quanto mais individualista nossa sociedade se tornava, e mais seguros de seus direitos se tornavam os americanos, mais a discussão e o discurso legal giravam em torno do indivíduo. Na Segunda Guerra Mundial, a ligação entre direitos e deveres não precisou ser desenvolvida; a luta contra o fascismo a tornava óbvia. Ainda era óbvia para os jovens e as jovens que serviram na Coreia e mesmo para aqueles que se apresentaram como voluntários nos primeiros anos da Guerra do Vietnã. Mas o fiasco do Vietnã tornou a noção de dever risível para aqueles que a ela se opunham, e em pouco tempo para grande parte do país.

Os credos políticos da nossa época tornam praticamente impossível discutir deveres. Se você *não precisa de um maldito governo para coisa alguma*, por que deveria fazer qualquer coisa por seu país? O mais extraordinário nos anos Reagan é que, apesar de toda a sua retórica sobre os Estados Unidos como a última linha de defesa contra a tirania, nem uma vez durante sua presidência ele pediu ao povo que fizesse qualquer sacrifício para defender a liberdade, em casa ou no estrangeiro. Conhecia bem demais o estado de espírito libertário do país. Agora achamos bem mais fácil aumentar o déficit e recorrer a uma força só de voluntários do que dar prioridade aos soldados para embarcar em aviões e lhes agradecer por seus serviços. Mas por que fazer mesmo isso? Eles recebem seu pagamento.

Os progressistas compreendem a necessidade da solidariedade de um jeito que os liberais identitários não compreendem — uma das muitas razões para que talvez caiba aos progressistas a tarefa de salvar o liberalismo contemporâneo de si mesmo.* Mas os progressistas também não falam em deveres. Continuam prisioneiros de sua própria fixação com classes e de sua nostalgia do passado americano de sindicalismo industrial. Os progressistas têm toda razão ao afirmar que classe é tão importante agora como o foi na primeira "Era Dourada". Mas a consciência de classe tem bem menos efeito na mente humana — e certamente na mente americana — do que os marxistas e simpatizantes gostam de pensar. Além disso, se um senso de solidariedade tiver como base unicamente o ressentimento econômico, será compartilhado apenas por aqueles que se sintam preteridos e desaparecerá logo que sua sorte melhore numa reviravolta da economia. A retórica política progressista nada faz para convencer os mais abastados de que têm uma obrigação permanente para

---

* Pensemos nesta declaração que Bernie Sanders deu não muito tempo depois das eleições de 2016:

> Um dos desafios que vocês presenciarão no Partido Democrata é se faremos algo além de política identitária. Eu vejo um avanço nos Estados Unidos quando temos um afro-americano como chefe ou CEO de uma grande empresa. Mas sabem de uma coisa? Se esse sujeito for enxotar empregos para o exterior e explorar seus funcionários, não faz a menor diferença ele ser negro, branco ou latino-americano... Precisamos de candidatos — negros e brancos, latino-americanos, gays e héteros. Precisamos de toda essa gente. Mas precisamos que todos esses candidatos e funcionários públicos tenham a coragem de enfrentar a oligarquia. Essa é a luta de hoje.

Uma prova de que essa luta pode ser difícil foi dada involuntariamente alguns dias depois pela antiga porta-voz de Bernie, Symone Sanders (nenhum parentesco), que declarou: "Na minha opinião, não precisamos de brancos liderando o Partido Democrata neste momento. O Partido Democrata é diverso, e assim deveria ser reeleito na liderança e na equipe, nos níveis mais altos".

com os menos prósperos. A Bíblia costumava fazê-lo, porém não mais. Apesar de este país ainda ir à igreja, o evangelho que hoje se prega, sobretudo nos círculos evangélicos, está contaminado do mesmo individualismo, do mesmo egoísmo, da mesma superficialidade que infectaram outros setores da vida americana. Muitos crentes ainda pagam dízimos para a igreja, mas rejeitam logo de cara a ideia de que também os impostos são uma espécie de dízimo democrático destinado a ajudar cidadãos iguais a eles. A caridade, assim como a gorjeta, agora fica a critério do freguês.

Na ausência de uma fé caridosa motivadora, só se pode esperar incutir um senso de dever estabelecendo algum tipo de identificação entre os privilegiados e os desfavorecidos. Cidadania não é identidade no sentido em que usamos o termo atualmente, mas torna possível incentivar as pessoas a se identificarem umas com as outras. Ou pelo menos lhes permite falar sobre aquilo que elas já compartilham. Há um bom motivo para que os progressistas parem de formular seus apelos à justiça econômica em termos de classe e comecem a apelar para nossa cidadania comum.*

---

* O foco obsessivo dos progressistas americanos na economia tem mais a ver com o marxismo do que com o movimento progressista original. Se quiserem voltar a ser uma força importante na política americana, seria sensato que revisitassem os fundadores do movimento e sua generosa visão do país e de seu destino, em vez de se voltarem para os últimos livros publicados pela Verso Press. Teddy Roosevelt deveria ser leitura obrigatória para todos os eleitores de Bernie Sanders (embora precisassem pular os trechos jingoístas).

Os liberais identitários deveriam fazer o mesmo. Tenho sido severo com eles nestas páginas, e com razão, por nos dividirem mais do que já estamos divididos em nossa era individualista. Mas os problemas concretos de que se ocupam são muito reais. É inconcebível que motoristas e pedestres negros sejam regularmente visados por policiais, que os tratam com violência, e com impunidade em alguns lugares. É obsceno que homens jovens, na maioria pertencentes a minorias, recebam longas penas de prisão por venderem drogas para os pobres, enquanto aqueles que vendem drogas para os ricos cumprem penas bem mais suaves. É antidemocrático algumas mulheres receberem salários menores pelo mesmo trabalho que os homens executam. É errado que, em alguns lugares, casais gays andando de mãos dadas sejam ameaçados na rua — e transgêneros sofram ainda mais — sem que os criminosos temam qualquer castigo. É vergonhoso que por tanto tempo seus companheiros não tivessem os mesmos direitos, e a mesma dignidade, de que os casais heterossexuais usufruíam. Por quê? Porque são nossos concidadãos que merecem ter plenos direitos. Isso é tudo que outros americanos deveriam precisar saber — e tudo a que nós deveríamos ter que apelar.

Ter proteção igual nos termos da lei não é um princípio assim tão difícil de infundir aos americanos. A dificuldade está em persuadi-los de que a garantia foi violada em determinados casos e da necessidade de reparar o erro. O preconceito e a indiferença estão arraigados. Instrução, reforma social e ação política podem convencer alguns. Mas a maioria não será capaz de entender o sofrimento alheio a não ser que sinta, de uma forma abstrata, que "poderia ter sido comigo" ou "alguém próximo a mim". Pensemos na transformação espantosamente rápida das atitudes americanas em relação à homossexualidade, e mesmo ao casamento gay, nas últimas décadas. O ativismo gay submeteu essas questões à atenção pública, mas as atitudes mudaram mesmo durante chorosas conversas à mesa de jantar em todo o país, quando filhos se abriam com os pais (e, às vezes, pais contavam aos filhos). Conforme os pais foram aceitando os filhos, os outros parentes fizeram o mesmo, e hoje casamentos entre pessoas do mesmo sexo são realizados no país inteiro com toda a pompa e alegria, e com todos os gastos absurdos dos casamentos americanos tradicionais. Raça é outra coisa. Dada a segregação na sociedade americana, famílias brancas quase não têm chance de ver, e portanto de compreender, a vida dos americanos negros. Não sou um motorista negro e nunca serei. Mais uma razão, portanto, para eu procurar de alguma forma me identificar com um deles, se quiser ser afetado por sua experiência. E cidadania é a única coisa que sei que compartilhamos. Quanto mais as diferenças entre nós forem enfatizadas, menor a probabilidade de que eu me sinta indignado com os maus-tratos que ele sofre.

Black Lives Matter [Vidas Negras Importam] é um exemplo clássico de como não criar solidariedade. Não há como contestar que, ao divulgar e denunciar os maus-tratos de afro-americanos, o movimento mobilizou apoiadores e deu um grito de alerta a todo americano consciente. Mas também não há como contestar que ao usar esses maus-tratos para fazer uma acusação geral à sociedade americana e suas instituições policiais, e empregar táticas dos Mau-Mau para eliminar a dissidência e exigir mea-culpa e penitência pública (mais espetacularmente num confronto público com Hillary Clinton, logo quem?), o movimento acabou fazendo exatamente o que a direita republicana queria.

Quando apresentamos uma questão em termos puramente identitários, é como se convidássemos o adversário a fazer o mesmo. Os que jogam a carta racial deveriam estar preparados para serem rebatidos com uma carta mais alta, como vimos sutilmente, e não tão sutilmente assim, nas eleições presidenciais de 2016. E isso dá ao adversário mais um pretexto para ser indiferente em relação a nós. Havia um motivo para que os líderes do movimento de direitos civis não falassem em identidade da maneira como os ativistas negros hoje falam, e esse motivo nada tinha a ver com covardia ou não conseguir *estar desperto*. O movimento forçou o país a agir movido pela vergonha, apelando conscientemente ao que temos em comum, e com isso tornando mais difícil para os americanos brancos manterem dois conjuntos de livros de contabilidade, psicologicamente falando: um para "americanos" e outro para "negros". O fato de não terem conseguido êxito absoluto não significa que aqueles líderes fracassaram, nem prova que agora é preciso adotar uma atitude diferente. É provável que nenhuma outra abordagem tenha sucesso. Certamente não uma que exija que os brancos americanos estejam de acordo, em todos os casos, sobre o que constitui discriminação ou racismo. Na política democrática, é suicídio estabelecer um padrão de conformidade mais alto do que o necessário para ganhar adeptos e eleições.

EDUCAÇÃO DOS LIBERAIS

Ninguém nasce cidadão; os cidadãos são produzidos. Às vezes as forças históricas cuidam disso. A guerra, em particular, pode evocar um sentimento de pertencimento cívico e de solidariedade que não existia antes. A guerra também pode acabar com ele, como ocorreu na Europa depois da Primeira Guerra Mundial e nos Estados Unidos durante a Guerra do Vietnã. O máximo que se pode esperar é que cidadãos democráticos sejam formados nos princípios do governo autônomo. Mas isso é só o começo. Para motivarem ação, é preciso que esses princípios tenham raízes num sentimento que não trazemos do berço. E sentimentos não podem ser ensinados; têm que ser evocados. Na política, é a coisa mais parecida com um milagre.

Por ser tão difícil sustentar um sentimento cívico, as democracias estão sujeitas à entropia. Quando o vínculo de cidadania é mal forjado ou se consente que enfraqueça, há uma tendência natural a dar às adesões subpolíticas lugar de destaque na cabeça das pessoas. Vemos isso acontecer em todos os frustrados esforços americanos para exportar a democracia. E o estamos vendo hoje também na Europa oriental, num desdobramento particularmente trágico. Poucos anos depois da Queda do Muro de Berlim em 1989, ali se estabeleceram instituições democráticas. Mas não se desenvolveu um sentimento de cidadania compartilhada, que é obra de gerações. Democracias sem democratas não duram. Degeneram em oligarquia, teocracia, nacionalismo étnico, tribalismo, governo autoritário de partido único, ou uma combinação disso.

Pela maior parte de sua história, os Estados Unidos tiveram a sorte de escapar dessas clássicas forças de entropia, mesmo depois de uma Guerra Civil arrasadora e da imigração em massa. O que há de extraordinário — e assustador — nas últimas quatro décadas da nossa história é que nossa política foi dominada por duas ideologias que pretendem *desfazer* cidadãos, estimulando e até celebrando isso. À direita, uma ideologia que questiona a existência de um bem comum e nega nossa obrigação de ajudar concidadãos, mediante ação governamental se necessário. À esquerda, uma ideologia institucionalizada em faculdades e universidade que tem uma obsessão com nossos vínculos individuais e grupais, aplaude o *eu* autocentrado e vê com suspeita qualquer invocação de um *nós* democrático universal. Isso num momento em que, justamente porque os Estados Unidos se tornaram mais diversos e individualistas na realidade, há uma necessidade maior, e não menor, de cultivar um sentimento político de camaradagem.

E não só por isso. Quem viu algum comício de Donald Trump pela televisão na campanha de 2016 testemunhou uma orgia do populacho, não uma assembleia de cidadãos.

O mais chocante em meio à violência verbal e física, aos sarcasmos ameaçadores dirigidos a jornalistas, às ameaças a rivais (*Prendam ela!*), às acusações de conspiração (*É tudo manipulado!*), era que os circunstantes não ficavam chocados com nada. Muitos aplaudiam e os demais simplesmente encolhiam os ombros. *Ele não tem mesmo meias palavras*, diziam meio sem jeito aos jornalistas, ao saírem. Ou garantiam que Trump não tinha nenhuma intenção de fazer o que dizia que faria — como se isso fosse de algum consolo. A despeito do que se diga sobre as legítimas preocupações dos partidários de Trump, não há como desculpá-los por terem votado nele. Levando em conta seu evidente despreparo para um alto cargo, dar um voto a Trump era trair, e não exercer, a cidadania.

O que ficou perfeitamente claro durante a campanha é que seus eleitores em sua maioria não tinham ideia de como nossas instituições democráticas funcionam, e das regras e normas informais que as mantêm em bom funcionamento. Tudo que eles pareciam ter era uma imagem paranoica e conspiratória do poder que a cultura popular e a mídia de direita continuamente reanimam. (O filme *A mulher faz o homem* tem tanta responsabilidade quanto a Fox News.) Querer *dar uma mudada nas coisas* e parar por aí não é um impulso democrático. É um impulso tirânico que os demagogos, os da Grécia antiga como os de hoje, têm cultivado e explorado. E agora que Trump de fato está dando uma mudada nas coisas — transformando sua administração num híbrido bizarro de camarilha e negócio de família, tuitando afirmações desequilibradas, expurgando aqueles que não parecem suficientemente servis —, como é que nossos patriotas do Tea Party reagem? Defendendo-o.

Será que simplesmente deixamos de produzir cidadãos em grandes regiões do nosso país? Estaremos nos tornando mais uma democracia sem democratas?

Essa deveria ser uma de nossas principais preocupações. Há muitas maneiras de nos tornarmos americanos. Aprendemos a acreditar na singularidade do indivíduo quando somos jovens; nas escolas e no trabalho aprendemos a nos misturar e não ser "arrogantes" (o pecado mortal aos olhos americanos); em igrejas e organizações de voluntários aprendemos a cooperar; e em programas de televisão e filmes, e até em comerciais, temos esses três valores reforçados com uma regularidade entorpecedora. Não temos qualquer problema para reproduzir "o americano" como tipo social, e imigrantes se tornam americanos nesse sentido com espantosa rapidez e facilidade.

Mas, para se tornarem cidadãos naturalizados, imigrantes também precisam passar por um teste cívico. Não é fácil. Têm que responder a perguntas sobre os princípios do governo democrático e sobre características muito específicas da Constituição dos Estados Unidos e da Declaração de Independência. Espera-se que conheçam a estrutura de nossas instituições em todos os níveis de governo e as jurisdições relativas de cada poder. Respondem a perguntas sobre direitos do cidadão, e também sobre seus deveres. O teste contém até perguntas detalhadas sobre história americana, a começar pela fundação do país e avançando até o presente. Se você conhece alguém que fez o teste, sabe o quanto para ele ou para ela significou ser aprovado e como se comoveu ao jurar lealdade à bandeira. A experiência os fez sentir uma ligação com o país que os aceitou.

Seus filhos, como outros que aqui nasceram, não precisarão fazer o teste. Na verdade, vão descobrir que estão mergulhados numa cultura hiperindividualista, que idolatra a opção pessoal e a autodefinição. Não hão de aprender praticamente nada sobre obrigação pública e a necessidade de solidariedade entre cidadãos. Pior ainda, não serão criados para *sentir* solidariedade, a não ser àqueles com quem decidiram se associar. E por que sentiriam? A economia de mercado não instila esse sentimento; nossas escolas não o instilam; nossas igrejas não o instilam; nossa cultura popular não o instila. (Em vez disso, instila sentimentalismo, que é autorreferente.) É verdade: mesmo assim, muitos jovens desenvolvem o sentimento. Alguns, desproporcionalmente de famílias religiosas sulistas, entram nas forças armadas por questões de princípios. Outros, desproporcionalmente da classe média alta, passam uma temporada na Teach for America ou grupos parecidos depois da faculdade. De alguma maneira, esses jovens sentem o vínculo cívico e têm uma noção de dever. Por isso sabemos que esse sentimento ainda pode existir. A questão é saber se os liberais vão se empenhar em fortalecer esse vínculo enfatizando o que temos em comum uns com os outros na qualidade de cidadãos, e não o que nos diferencia uns dos outros.

De todos os desdobramentos que discuti neste livro, o mais autodestrutivo do ponto de vista liberal é a educação baseada em identidade. Os conservadores estão certos: nossas instituições de ensino, de alto a baixo, são dirigidas por liberais, e ensinar tem um viés liberal. Mas estão errados quando concluem que os estudantes estão sendo politizados. A pedagogia liberal da nossa época, com seu foco em identidade, é na verdade uma força de despolitização. Tornou nossos filhos mais tolerantes em relação aos outros do que a minha geração, sem a menor dúvida, o que é muito bom. Mas ao enfraquecer o *nós* democrático universal, sobre o qual a solidariedade pode ser desenvolvida, o dever, instilado, e a ação, inspirada, desfaz em vez de fazer cidadãos. No fim, essa atitude apenas intensifica todas as forças de atomização que dominam nossa época.*

É estranho: os acadêmicos liberais idealizam a geração

---

* Uma das pequenas ironias da vida nos anos Reagan é que os conservadores, vendo-se impedidos de penetrar na universidade, criaram um universo intelectual paralelo, financiado por patrocinadores ricos, ao qual não faltavam revistas, editoras, jornais estudantis, organizações de campi e escolas de verão onde grupos dedicados e entusiásticos eram instruídos e integrados em redes sociais que ainda são uma poderosa força em Washington. Enquanto isso, os liberais, que dominam as universidades, continuavam concentrados em questões de identidade e por isso não conseguiram fornecer uma educação política verdadeira ou desenvolver grupos empenhados, capazes de trabalhar juntos em nossas instituições. Talvez seja hora, portanto, de os mecenas do Partido Democrata voltados para um liberalismo de mentalidade mais cívica seguirem o exemplo dos conservadores, financiando programas e iniciativas independentes, para instruir uma nova geração da esquerda nos princípios e realidades da política democrática, e nela estabelecer um senso de solidariedade e propósito comum.

dos anos 1960, como seus exaustos alunos bem o sabem. Mas nunca ouvi nenhum dos meus colegas fazer uma pergunta óbvia: qual era a ligação entre o ativismo dessa geração e o que ela aprendia sobre o nosso país nos colégios e faculdades? Afinal de contas, se os professores queriam ver seus próprios alunos seguirem os passos da Melhor Geração, era de esperar que tentassem reproduzir a pedagogia daquele período. Mas não é o que fazem. Pelo contrário. A ironia é que os colégios e faculdades supostamente desinteressantes e convencionais dos anos 1950 e começo dos anos 1960 incubaram, talvez, a mais radical geração de cidadãos americanos surgida no país desde a sua fundação. Jovens indignados com a negação dos direitos que acontecia *lá fora*, a Guerra do Vietnã que acontecia *lá fora*, a proliferação nuclear que acontecia *lá fora*, o capitalismo que acontecia *lá fora*, o colonialismo que acontecia *lá fora*. As universidades dos nossos dias cultivam alunos tão obcecados com a própria identidade pessoal e com a pseudopolítica do campus que eles alunos têm bem menos interesse e envolvimento no — e, para ser franco, menos conhecimento do — que acontece *lá fora*. Nem Elizabeth Cady Stanton (que estudou grego) nem Martin Luther King Jr. (que estudou teologia cristã) nem Angela Davis (que estudou filosofia oriental) receberam uma educação baseada em identidade. E é difícil imaginá-los se tornando quem se tornaram se tivessem tido o azar de receber uma. O fervor de sua rebelião demonstrava até que ponto a educação que receberam desenvolveu neles um sentimento de solidariedade democrática, raro nos Estados Unidos de hoje.

Diga-se o que quiser sobre os devaneios políticos da

geração dos anos 1960 — e eu já disse muita coisa —, o fato é que eles eram, à sua maneira, patriotas. Interessavam-se pelo que acontecia com seus concidadãos e ficavam incomodados quando sentiam que os princípios democráticos dos Estados Unidos tinham sido violados. A periferia do movimento estudantil, mesmo quando adotava uma retórica rígida, marxista, soava mais como "Yankee Doodle Dandy" do que como Wagner. O fato de terem tido aulas de educação cívica, ministradas por professores do ensino médio que batiam no quadro-negro com um bastão, talvez tenha tido alguma coisa a ver com isso. O fato de terem recebido uma educação relativamente apartidária, num ambiente que incentivava o debate de ideias e que desenvolvia robustez emocional e convicção intelectual, certamente teve muito a ver com isso. Ainda é possível encontrar pessoas assim lecionando nos campi, e algumas são amigas minhas. A maioria continua bem à minha esquerda, mas gostamos de discordar, e respeitamos argumentos baseados em provas. Ainda os considero pouco realistas; eles acham que não consigo perceber que sonhar às vezes é a coisa mais realista que se pode fazer. (Quanto mais envelheço, mais acho que eles têm razão.) Mas sacudimos a cabeça em uníssono ao discutir o que hoje se considera política e educação cívica em nosso país.

Não seria tão terrível assim criar outra geração de cidadãos como eles. Vale a pena adotar o velho modelo, com alguns ajustes: paixão e dedicação, mas também conhecimento e argumento. Curiosidade sobre o que se passa no mundo fora da nossa cabeça e sobre pessoas diferentes de nós. Preocupação com os Estados Unidos e seus cidadãos, todos eles, e disposição para nos sacrificarmos por eles. E a ambição de imaginar um bem comum para todos. Qualquer pai ou educador que ensine essas coisas estará engajado numa missão política — a missão de formar cidadãos. Só quando houver cidadãos poderemos ter esperança de que sejam liberais. E só quando houver liberais poderemos ter esperança de colocar o país num caminho melhor. Se quisermos resistir a Donald Trump e a tudo que ele representa, é aí que devemos começar.

Agradecimentos

Tenho a sorte de contar com amigos que vieram de famílias políticas bem diferentes. Quero manifestar aqui minha gratidão àqueles — numerosos demais para citar — que fizeram comentários, críticas e, também, ofereceram sua solidariedade quando eu escrevia este livro. Um agradecimento especial vai para a Russell Sage Foundation e seu diretor, Sheldon Danzinger, por me receber com tanta gentileza quando assumi inesperadamente este projeto. E para Antonia Blue-Hitchens, por sua ajuda essencial na pesquisa.

Dedico este livro a minha mulher, Diana Cooper, e a minha filha, Sophie Lilla — a Oposição Leal. E a meu velho amigo Gadi Taub, que anos atrás insistiu comigo para que escrevesse um livro parecido com este.

1ª EDIÇÃO [2018] 1 reimpressão

ESTA OBRA FOI COMPOSTA PELO GRUPO DE CRIAÇÃO EM MINION E
IMPRESSA PELA GEOGRÁFICA EM OFSETE SOBRE PAPEL PÓLEN BOLD
DA SUZANO S.A. PARA A EDITORA SCHWARCZ EM JUNHO DE 2021

A marca FSC® é a garantia de que a madeira utilizada na fabricação do papel deste livro provém de florestas que foram gerenciadas de maneira ambientalmente correta, socialmente justa e economicamente viável, além de outras fontes de origem controlada.